中等职业教育精品系列教材

中职生心理健康教育

（第一册）

主　编　王钟宝　应江沘

副主编　赵　晶　沈民远　胡　赞

参　编　夏姗姗　陈秋哲　马玲玲　叶靖春

　　　　刘海珍　金华娇　宋炜杨　楼跃进

　　　　王琛雲　李　洋　程欢欢　应琳双

　　　　范长留

西安电子科技大学出版社

内容简介

　　本书注重中职生成长阶段的特点，力图帮助中职生正确认识和处理在成长、学习、生活、娱乐和求职就业中遇到的心理行为问题，促进其身心全面和谐发展。全书共8章，分别为走进职校，走近心理世界；我的青春我做主；良好人际，你我同行；美丽青春，自控自律；我的情绪我负责；求知路上，扬帆起航；休闲与娱乐；我的生涯我规划。

　　本书可作为中等职业院校学生心理健康教育教材，同时也可作为心理辅导的参考书。

图书在版编目(CIP)数据

　　中职生心理健康教育.第一册 / 王钟宝，应江泚主编. —西安：西安电子科技大学出版社，2022.7(2024.1重印)

　　ISBN 978-7-5606-6437-8

　　Ⅰ.①中… Ⅱ.①王… ②应… Ⅲ.①心理健康—健康教育—中等专业学校—教材 Ⅳ.① G444

中国版本图书馆 CIP 数据核字(2022)第 053770 号

策　　划　李鹏飞　李　伟
责任编辑　黄薇谚　李鹏飞
出版发行　西安电子科技大学出版社(西安市太白南路 2 号)
电　　话　(029)88202421 88201467　　　邮　　编　710071
网　　址　www.xduph.com　　　电子邮箱　xdupfxb001@163.com
经　　销　新华书店
印刷单位　咸阳华盛印务有限责任公司
版　　次　2022 年 7 月第 1 版　2024 年 1 月第 4 次印刷
开　　本　787 毫米 × 1092 毫米 1/16　　　印　张　16
字　　数　285 千字
定　　价　49.00 元
ISBN 978-7-5606-6437-8 / G

XDUP 6739001-4
如有印装问题可调换

前　言

心理健康是一个人健康的重要组成部分。随着社会的进步，快节奏的生活和持续的应激状态使人们在工作、生活、学习中产生不同程度的失衡。中职生正处于从青春期向成人期转变的重要阶段，其心理状况有很多特殊性，例如，自我意识很强，但自控能力不足；自卑感严重，但反抗性很强；思想意识活跃，但学习动机缺失等。针对这些问题，我们组织了一批长期活跃在教学一线的教师、专家，在对中职生心理问题进行调研分析后编写了这本《中职生心理健康教育》教材。

关注中职生的心理健康教育，避免或消除由于各种心理压力而造成的心理应激、心理危机或心理障碍等问题，增进中职生的身心健康，预防精神疾病和身心疾病的发生，进而使中职生以积极、正常的心理状态去适应当前和未来发展的社会环境，已成为各中等职业学校迫切需要加强的工作。

本书紧紧抓住中职生心理发展的特点和其学习、生活的实际，围绕学生在这一阶段存在的心理问题和期待解决的各种问题，在深入调查研究的基础上设计各章节的教学内容，并从积极心理学的角度予以表达。作者引入德韦克教授团队研究的"全球对教育最好的研究成果"(即号称教育阶段诺贝尔奖的成长型思维)并将其贯穿整个教材，旨在引导学生正确看待生活、学习中的挫折、困难、成功与挑战，帮助学生解决在成长中遇到的心理困惑和心理行为问题，为学生添一双助力成长的翅膀。

本书以《中等职业学校学生心理健康教育指导纲要》中提出的心理健康教育目标为中心，选取中职及高一学生特别关注的八个主题，每个主题都围绕当下学生的重点心理问题进行阐述。为了让学生有更深刻的体验与收获，书中的案例紧贴中职生实际，并且每一章节都设计了心灵练习、心灵聚焦、心灵思考、心灵体验和心灵拓展等板块，通过一步步引导与体验，促进学生积极地探索自我、塑造自我、完善自我。

本书具有如下特色：

(1) 成长型思维的理念贯穿教材始终，这是区别于其他心理健康教材的重要特征。

(2) 突出中等职业学校心理健康教育的特点。本书所用的教学案例均由教学一线的教师提供，贴近学生心理实际需求。

(3) 具有发展性的特点。本书不仅紧密联系学生的现实需要，还站在学生未来发展的高度给予学生深切的人文关怀，将促进学生"自我塑造、自我完善"贯串教材始终。书中不仅把心理健康教育的视野放在每一个学生身上，还倡导学生关注他人、关注社会。每章都选取具有时代性的事例进行分析，启发学生思考人生、思考社会。

(4) 突出实用性、操作性。在理论阐释的基础上，书中设计了心灵练习、心灵聚焦、心灵思考、心灵体验和心灵拓展等板块，以加大教师对相关内容的教学力度，拓展学生对相关问题的认识深度。

(5) 可读性较强。本书提供了大量的生活案例、心理健康方面的书目、心理测试、心理游戏等内容，使一些艰涩的专业心理名词和理论变得生动、有趣、鲜活，使学生易理解、易掌握。

编者在本书的编写过程中参阅了大量中等职业学校心理健康教育的优秀教材与文献，在此向相关作者一并表示感谢。由于编者水平和经验有限，书中难免有遗漏与不妥之处，希望各位专家和一线教师批评指正。

编　者

2022年2月

目 录

第一章

走进职校，走近心理世界

本 章 概 述

中职生常面对学习、生活、交友、就业等一系列问题，良好的心理素质有利于他们正确地认识这些问题，不断完善和发展自我，从而达到社会对高素质职业人才的要求。心理健康是心理素质良好的表现，本章针对中职生常见心理问题的类型与特点，介绍了心理健康的含义、标准以及防治心理疾病、增进心理健康的途径和方法，帮助中职生了解心理咨询的概念和心理治疗的常识，学会心理调适和心理保健的方法。

第一节　走近心理世界

——认识心理，了解健康

> 心理学是一门与人类幸福密切相关的科学。
>
> ——理查德·格里格

心理学是一门广泛涉及人们生活的科学。人的生活主要是由心理与行为支撑的，无论是生活中的衣食住行，还是工作中的为人处世，都离不开心理学，都需要心理学的帮助。

随着生活条件的改善，科学技术水平的不断发展，人们也越来越重视自己的健康。因为没有健康，就无法拥有财富、爱情和幸福，就等于失去一切。那么，什么是健康呢？

一、健康的定义

1948 年，世界卫生组织 (WHO) 就明确指出，健康不单是没有疾病或不虚弱，它是一种在身体、心理和社会适应能力等各个方面都能保持和谐的状态。可见，全面健康至少应包括身体健康和心理健康两个方面，二者密不可分；而具有社会适应能力也是国际上公认的心理健康的首要标准，即要求个体的各种活动和行为能适应复杂的环境变化，与他人和谐相处。以上三者缺一不可，这就是健康概念的精髓。

1989 年，世界卫生组织又提出 21 世纪健康的新概念：健康不仅是没有疾病，而且包括身体健康、心理健康、社会适应能力良好和道德健康。道德健康就是以不损害他人利益来满足自己的需要，能自觉地以社会规范来约束自己的行为。

从以上观点可以看出，健康至少包括四大要素：生理平衡 (没有身体疾患)、心理稳定 (没有心理障碍)、社会成熟 (具有社会适应能力)、道德健康 (具有良好的品质)。这四大要素相互依存、相互促进并有机结合。

那么，你健康吗？

二、健康的核心——心理健康

所谓心理健康，是指个体在各种环境中能保持良好的心理效能状态。人在生活实践中，要不断地与外界环境（自然和社会环境）发生关系，相互作用，接受环境的影响并积极反作用于环境，以取得与外界的平衡与协调。一个心理健康的人，应当能够随着环境条件的变化而不断调整自己的心理结构以达到与外界的平衡。

心理健康的标准如下：智力正常，情绪健康，意志健全，人格完整，人际关系和谐，与社会协调一致，心理行为符合年龄特点和角色特征。

心灵练习

我们每个人都有很多心理健康元素，仿佛深山宝藏不为自己所知。表 1-1 是一张自我评价表，可以帮助你更清楚地发现自己性格中的健康元素。以 10 分为满分，试着给自己一个分数。得分越高，说明你的心理健康水平越高；得分越低，说明你需抓紧修炼。你能找出自己身上更多的心理健康元素吗？找到越多的健康元素就越健康。试试看！

表 1-1　自我评价表

心理元素	得分	心理元素	得分	心理元素	得分	心理元素	得分
诚实		合群		热情		友善	
整洁		谦虚		稳重		可靠	
助人		乐观		理智		进取	
勇敢		果断		自信		快乐	
好表现		有毅力		有礼貌		有朝气	
独处		谨慎		幽默		负责	

心理健康影响着人的方方面面，比如影响着我们的情绪、人际关系、判断和决策能力、社会功能和身体健康，所以在日常生活中，我们要持有像擦黑板一样的态度来维护我们的心理健康，确保心情舒畅和心理平衡。

❤️🔍 心灵聚焦

　　王帅是某中职学校计算机技术专业的学生，自从入学以来，就显得不大合群。下课时，教室里总是热闹非凡，同学们会相互聊天说笑，而王帅则一个人在座位上，要么拿出一本书漫不经心地翻看，要么就干脆趴在桌子上睡觉。班主任看在眼里，急在心里，她觉得王帅不是本地人，可能不太懂得如何与这里的同学交往。班主任不希望王帅孤单地度过自己的职校生活，她决定要帮帮这位面临困境的学生。

　　与王帅交流之后，班主任帮他报名参加了学校篮球队。篮球队每到周末都会组织队员训练或者比赛。一开始，王帅因为不好意思不给老师面子，抱着完成任务的心态来参加篮球队的活动，没想到几周之后，他对篮球的兴趣越来越浓厚，不仅球技有了进步，还交到了不少朋友。老师发现，王帅的心似乎被慢慢打开了，在班里也变得更愿意与同学交流了，原来那个每次下课都不知道该干什么的"傻小子"不见了，班里多了一个爱笑、乐观的小伙子。

　　问题：从王帅的转变中你有什么启发？是否身体健康、没有心理疾病就能过得幸福快乐呢？

_____

_____

_____

三、心理健康的标准

　　根据我国国情和社会经济发展的需要，心理健康的主要特征应包括以下八个方面：

　　(1) **智力正常**。能正确、客观地认识自然和社会，头脑清醒，能以积极正确的态度面对现实的问题、困难和矛盾，既不回避也不空想。智力包括观察力、记忆力、注意力、思维与想象力以及各种操作能力，等等。智力正常是学习、生活与工作的基本心理条件，也是适应周围环境变化所必需的心理保证。

　　(2) **情绪健康**。情绪健康的标志是情绪稳定和心情愉快，包括：愉快情绪多于负性情绪，乐观开朗、富有朝气，对生活充满希望；情绪较稳定，善于控制与调节自己的情绪，既能克制又能合理宣泄自己的情绪；情绪反应与环境相适应。

　　(3) **意志健全**。意志是人在完成一种有目的的活动时所进行的选择、决定与执行的心理过程。意志健全的学生在各种活动中都有自觉的目的性，能适时地做出决定并运用切实有准备的方式解决所遇到的问题；在困难和挫折面前，能采取合理的反应方式，能在行动中控制情绪和言而有信，而不是行动盲目、畏惧困难、顽固执拗。

(4) **自我意识正确**。有自知之明，在集体中自信、自尊、自重，对自己的优缺点有正确的评价与要求；在实践中不断开发自己的潜力以实现自己的理想与人生价值。

(5) **个性结构日趋完善**。个性是一个人经常的、本质的、和别人相区别的心理特点的总和。它包括心理倾向性（如需要、动机、兴趣、意志、人生观等）和个性心理特征（如能力、气质、性格等）。

(6) **良好的人际交往**。乐于和善于与人交往，能和大多数人建立良好的人际关系，重视友谊，不拒绝别人的关心与帮助；与人相处时积极态度（如热情、坦诚、尊重、信任、宽容、融洽）多于消极态度（如忌妒、冷漠、怀疑、计较）；在新环境中能很快适应，与他人打成一片。

(7) **行为得体**。生活态度积极，珍惜一切学习与工作的机会，行为上表现出独立自主，不以他人的好恶作为个人行为的依据，既不盲从，也不受诱惑，能做到有所为有所不为。

(8) **反应适度**。对外界事物的反应和活动效率积极、主动而富有成效；不冲动、毛躁，也不敷衍塞责。

四、中职生心理健康状况

目前大多数中职生的心理是健康的，有较高的智力水平、强烈的求知欲望，他们学习效率高、充满朝气、乐观自信、人际关系良好、情绪稳定、善于自我调节、适应良好，但是也有相当一部分学生的心理健康状况不容乐观。当代的中职生由于面临大量的机遇和挑战，承受着较大的心理压力与冲突，事实上，中职生心理疾病已经成为一种常见病、多发病。

全国抽样调查显示：目前有23%的中职生有不同程度的心理健康障碍或心理异常表现。其中有一些人常有烦恼、悲观、沮丧、恐惧、紧张、抑郁、失望、孤独、敌对、焦虑等负面心理情绪，并出现行为紊乱状况，这些不良的心理健康症状很容易导致心理极度失调，有的甚至发生出走、自杀、凶杀等事故。

尽管不少中职生在不断地调适自己的行为，不断地学习，但由于他们在成为社会成员的社会化过程中各个阶段所遇到的问题都不同，同时心理尚未完全成熟，因此有时容易导致"问题行为"的发生，给中职生的健康成长带来许多消极的后果。从某种意义上看，中职生已经成为心理健康问题的高发人群，心理问题已对很多中职生的健康产生了严重的威胁，健康心理的培养已成为当今学校刻不容缓的课题。

💗 心灵思考

> **1. 你的初中同学有没有发生过类似的心理健康问题？**
>
> _____
>
> **2. 你觉得造成学生心理健康问题的主要原因是什么？**
>
> _____
>
> _____
>
> **3. 你的同学出现心理问题时，一般是怎么解决的？**
>
> _____
>
> _____

五、心理问题的解决途径

当我们出现心理问题时，一般有三种解决途径：

(1) **心理调适**。该方法适用于日常生活中出现的心理不适和轻度的心理障碍，可由个体自行完成。

(2) **心理咨询**。该方法适用于在心理发展过程中所出现的心理不适和轻度心理障碍，可由社会和学校的心理咨询师进行。

(3) **心理治疗**。该方法适于重度的心理障碍和各种程度的心理疾病，要由医院的专科医生通过心理咨询、心理训练乃至适当药物治疗等手段进行。

心理调适、心理咨询和心理治疗除了缓解和消除心理不适、心理障碍或心理疾病之外，它们共同的目的是帮助人们更好地适应环境，提升素质，发掘潜能，完成人生目标，实现自身价值。对于一个有现代知识和现代意识的中职生，心理调适、心理咨询、心理治疗等方式应该成为其保持心理健康、促进心理发展的手段。

💗 心灵聚焦

有这样一个故事：有三个钓鱼人在一条河流下游的一个水潭边钓鱼，钓鱼时他们发现有人在上游被水冲进水潭挣扎着求救。于是，有一个钓鱼人便跳入水中把落水者救了上来，并予以抢救。但在这时，他们又见另一个被冲下来的落水者，另一个钓鱼人又跳入水中把他救了上来。可是，随后他们又发现了第三个、第四个和第五个落水者。这三个钓鱼者已经是手忙脚乱，难以应付了。此时，有一个钓鱼人似乎想到了什么，他离开现场去了上游，想做一项性质不同但目的一致的工作，他在落水处插上一块木牌警告并劝说人们不要在这里游泳，但仍有无视警告者被冲下水潭。后来，其中一个钓鱼人最终明白这样做不能从根本上解决问题，他要做另一项工作：教会人们游泳。这似乎是问题的关键，因为有了好的水性，不易被冲走，即使被冲入急流中，也能够独立应付，自我保护。

点拨：

我们应该如何理解这个故事呢？如果用这个故事来比喻心理健康这个话题，那么第一步跳入水中抢救落水者的工作就好比"心理治疗"，这是一项艰巨而充满意义的工作，心理治疗往往需要花费相当多的时间和精力，"被治疗者"也往往深感痛苦和不安。第二步插上警告牌的工作就好比是"心理咨询与辅导"，也是一项充满意义的工作，但一般来说，它只是对来访者或接受咨询者才能够产生作用和影响。那么，第三步就是那位要教会人们游泳的钓鱼人所做的工作，就好比是"心理健康教育"了，他着眼于从根本上解决问题，不但教人们如何预防危险发生，还教会人们应对危机的能力。

如果将心理健康比作弹簧，那么心理不健康时就好像一个弹簧所受的拉力超过自身限度，会变得扭曲甚至断掉；如果将心理健康比作容器，那么心理不健康时就好像容器已经不能再承载更多的水一样，变得岌岌可危；如果将心理健康比作一个整洁的房间，那么心理不健康时就好像这个房间被堆满了垃圾，恶臭熏天。将心理健康作如上比喻后，寻找解决一般心理问题的办法可能更明了一些。

心灵思考

如果有一天你的心理感到不适，你会怎么办呢？（结合自身具体情况）

_____

_____

解决心理问题像感冒吃药一样，需要一般性的疏导方式和宣泄途径，但又跟感冒吃药有不同之处，它还需要认知的调整、朋友的支持和自我的接纳等。

❤️ **心灵体验**

对照心理健康标准，你觉得自己在哪些方面存在问题？需要选择哪种解决途径？请将答案填在表1-2中。

表1-2　心理问题对照解决途径

存在问题	选择路径
_____	_____
_____	_____
_____	_____
_____	_____
_____	_____

恭喜你能够这么认真地对待自己的问题，当你拥有面对问题的勇气后，问题就开始改善了。

学习完本节内容，你印象最深刻的是什么？联系实际生活，你有什么启发？写下来吧。它将让你看见自己的感受与成长，看见自己的反思与力量。

_____

_____

_____

_____

第二节　我要学习成长思维

——转换思维，助力成长

> 你的基本能力是可以通过你的努力来培养的，即使人们在先天的才能和资质、兴趣或者性情方面有着各种各样的不同，每个人都可以通过努力和个人经历来改变和成长。
>
> ——卡罗尔·德韦克

人类的能力是可以培养的，还是一成不变的？这一问题对人们产生的影响是一个新问题：认为人的智力和性格是可以发展而非不变的、根深蒂固的，会导致什么样的结果呢？心理学家的研究表明，你所采取的观点会对你的生活方式产生深远影响，它可以决定你能否成为你想成为的那个人，以及你能否做好你最看重的事情。这种情况是如何发生的？为什么简单的信念能够改变你的心理状态，进而改变你的生活？

一、成长型思维的意义

成长型思维对人的影响有多大呢？首先来看一则真实案例。晓晨是一名来自北京中关村某小学的 3 年级学生，她曾参加中科院心理研究所的成长型思维教育实验。以前每次遇到不会做的数学题目，晓晨就感到非常焦虑，然后生气，最后总要大哭一场，一闹就是一个小时，全家都被这些负面情绪交响曲吓出了"数学恐惧症"。在接受培训之后，她全新地看待自己，不再被困难吓倒，而是主动应用有关技能，让自己的学习过程焕然一新。晓晨告诉妈妈："每个人都能变得更聪明，而思考难题正是把自己变强的机会，只要努力，每个人都能学会。"最后不仅是她的思维和学习状态发生了转变，更让她自己惊喜的是，在一个学期之内，她的数学成绩从全班倒数第四，跃升到了前五名。

成长型思维对晓晨的影响不是特例，国内外已经开展了大量的教育实验，这种成效十分显著。在一篇 2016 年末发表在顶级学术刊物上的论文中可以看到含有大量数据的研究结果。按照思维类型的不同，研究者将智利所有公立学校的十年级学生（约 16 万人）

分成了两类，一类倾向于成长型思维，另一类倾向于与之相反的思维模式，叫固定型思维。研究发现，成绩的好坏是与家庭收入相关的 —— 家庭越富的孩子，成绩越好。然而，无论是贫穷还是富裕，在任何一种社会经济地位的家庭中，成长型思维的学生的学业成绩都远优于固定型思维的学生。优秀多少呢？哪怕是来自最穷家庭阶层的孩子，当他们拥有成长型思维时，他们的语文成绩竟然和最富但是具有固定型思维的孩子相差无几。也就是说，当人们为了使孩子的学业变得更优秀，想尽办法给孩子更好的教育资源时，科研数据告诉我们："如果孩子有了成长型思维，仅这一项优势就可能抵消最富裕家庭与最贫穷家庭的背景差距。很多研究表明，成长型思维的学生会越来越优秀，他与固定型思维的学生的差距也会越来越大。

成长型思维对人生的影响远不止在学习成绩上。事实上，成长型思维在情绪、态度、人际关系乃至健康方面都有着重要的决定力。

❤ 心灵思考

下面列出了一些观点，在你同意的观点后面打钩。

1. 有些事情我永远都做不好。 （　　）

2. 当我犯错误时，我会试着从错误中学习。 （　　）

3. 当其他人做得比我好时，我会觉得受到了威胁。 （　　）

4. 我喜欢走出自己的舒适区。 （　　）

5. 当我向别人展现我的聪明或才能时，我很有成就感。 （　　）

6. 我会因他人的成功受到启发。 （　　）

7. 当我能做到别人做不到的事情时，我会感觉很好。 （　　）

8. 我的才智是有可能改变的。 （　　）

9. 我不必试图去变聪明——我本就聪明或我并不聪明。 （　　）

10. 我喜欢接受我不熟悉的新的挑战或任务。 （　　）

在这份评估中，题号为单数的观点(1，3，5，7，9)属于固定型思维模式，而题号为双数的观点(2，4，6，8，10)属于成长型思维模式。

思考：

你的思维模式是哪一种呢？其实大部分人都是混合型的思维模式，既有成长型思维，也有固定型思维，我们需要做的是多培养自己的成长型思维模式。

二、成长型思维的含义

成长型思维又名成长心态、成长型心理定向，是性格品质力中最重要的一员。性格品质力指对人生成就和幸福起决定性作用的、非知识性的、非智力因素的总称。学术上，性格品质力被教育家称为非认知能力，被心理学家叫作非智力因素。成长型思维起源于美国斯坦福大学卡罗尔·德韦克团队的研究成果。由于成长型思维对教育的意义巨大，2017 年 12 月，德韦克教授荣获首届全球最大的教育单项奖 —— 一丹奖。该奖项突破宗教、种族、国家限制，目的是选择"全球对教育最好的研究成果"，号称教育界的诺贝尔奖。因此，斩获首届"一丹奖"意味着成长型思维被认为是近几十年来教育学术领域最伟大的、最值得应用推广的科研成果。

那么，到底什么是成长型思维呢？它是一种以智力可塑为核心信念的系统的思维模式。简单来说，就是坚信智力、能力都是可以通过努力学习和练习来得到不断提高的。成长型思维认为，困难是成长的机会，挫折是收获的机会；暴露缺点没有关系；在别人眼里只显得聪明没有意义，取得实质性进步才重要；天赋只是起点，努力才最酷……成长型思维的孩子胜不骄，他们知道在舒适区里轻易取得的成功并不能带来多少提高，不断挑战自己才能变得更聪明。成长型思维的孩子败不馁，他们会告诉自己"NOT YET!"（尚未成功），从错误中学习，让每次失败成为通向成功的阶梯。

💗 心灵聚焦

土拨鼠之日

菲尔·康纳是匹兹堡当地电视台的一名气象播报员，他被派遣到宾夕法尼亚州的庞克瑟托尼镇，去报道镇上的"土拨鼠之日"典礼（即每年 2 月 2 日，一只土拨鼠会被人们从洞里捉出来，如果人们认为它看到了自己的影子，那么说明冬天还会持续六个星期。如果看不到，那么说明春天会早早到来）。

菲尔是一个优越感极强的人，他很鄙视这个庆典活动以及这个镇子和镇子的人，他认为他们是乡巴佬和白痴。在毫不掩饰地表露出自己的想法后，他准备尽快离开庞克瑟托尼镇，但最后却没能离开。一场暴风雪袭击了这里，他被迫留宿一晚，第二天早上他醒来后，发现这一天居然还是土拨鼠之日。当每天清晨同一支歌《你是我的宝贝》从广播中响起，将他唤醒后，同样的庆典也正在准备进行。这样的一天重复了一遍又一遍。

因为他是唯一一个重复经历这一天的人，所以一开始，他利用每天的循环去计划每天的行程，去愚弄他人。他可以今天和一个女人搭讪，明天利用他前一天了解的信息去欺骗她。他活在一个固定型思维模式的天堂中，可以一遍又一遍地证明自己的优越性。

但是经过数不清的重复之后，他终于意识到这么做是没有出路的，于是他尝试自杀。他尝试电死自己，从教堂顶上跳下，站在卡车前面，依然没有用。有一天，他终于想通了，开始利用这些时间去学习。他去上钢琴课，读大量的书，学习冰雕。他会去发现在这一天里需要帮助的人（例如一个男孩不慎从树上掉了下来，一个男人被牛排噎到）并关心他们。很快，这一天的生活感觉不再那么漫长！只有在完全改变了他的思维模式后，他才走出了这个死循环。

读完这个故事，你收获了什么？

_____

_____

_____

三、固定型思维的表现

固定型思维有以下表现。

(1) 高人一等的想法。很多学生在学校努力学习是为了比别人强，让自己看起来有面子，突显出自己的优越感。

(2) 否认现实。否认现实的思维方式就像是鸵鸟把头埋在沙子中，这样虽然保持了良好的自我感觉，但却故步自封，毫无成长。

(3) 难以控制愤怒。很多学生在学校是平和善良的人，回到家却一点就爆，对着父母大发脾气。

这些糟糕的境况，如果拥有成长型思维，很多都可以避免。

四、培养成长型思维的步骤

从固定型思维模式者转变为成长型思维模式者的五步法如下：

(1) 接受。接受自己的固定型思维模式，承认这是自己思维模式的一部分，并告诉自己这并不是一件羞愧的事情，不需要给自己贴上"固定型思维模式者"的标签，一切都还可以改变。

(2) 观察。激发自己去观察和内省，看看到底是什么事情或者什么行为导致了自己的固定型思维模式。比如在被老师严厉批评时，固定型思维最容易出现。越是在压力大的时候越要注意觉察自己的内心，找到那些让自己害怕失败、害怕改变的心理原因，然后有针对性地练习对抗这些念头的方法。

(3) 命名。给自己的固定型思维模式取一个名字。比如一跟朋友起冲突时就忍不住害怕被孤立的心理叫维特，然后告诉自己维特的烦恼是幼稚和不成熟的。这么做是为了让人们能够更清晰地意识到固定型思维模式的存在，引发自己的警觉性。当想要责怪他人或试图证明自己的时候，可以及时提醒自己："维特的烦恼又出现了，它又要引发不好的结果……"

(4) 教育。这是关键的一步，找到科学的思维练习方法，在固定思维出现的时候，教育自己要学习、要转变，用更积极的态度去解决问题。比如与朋友起冲突后，要找出产生冲突的原因，或者告诉自己冲突不完全是自己的错，我也不是一个失败者，维特的烦恼谁都可能有，同时去寻找合理的解决问题的途径。

(5) 制定计划。在教育的基础上更进一步，具体思考解决问题的方式，并且这种计划列得越具体越好，最后再将计划付诸实践。比如友谊崩盘以后，首先要明确原因，找到自己的不足并想好弥补不足的方法，比如是跟心理老师交流，还是通过网络或书籍自学，学到什么程度为止等。

❤ 心灵体验

找一找自己生活中的固定型思维，给它取个名字，如果用本节学习的成长型思维转变它，你又会怎么做呢？将答案填入表1-3中！

表1-3　固定型思维转变为成长型思维

序号	事　件	固定型思维	成长型思维
1			
2			
3			
4			
5			
6			
7			
8			

五、成长型思维的言语转换

图 1-1 为固定型思维与成长型思维在对待挑战、障碍、努力、批评、他人的成功这五种情况中的反应。

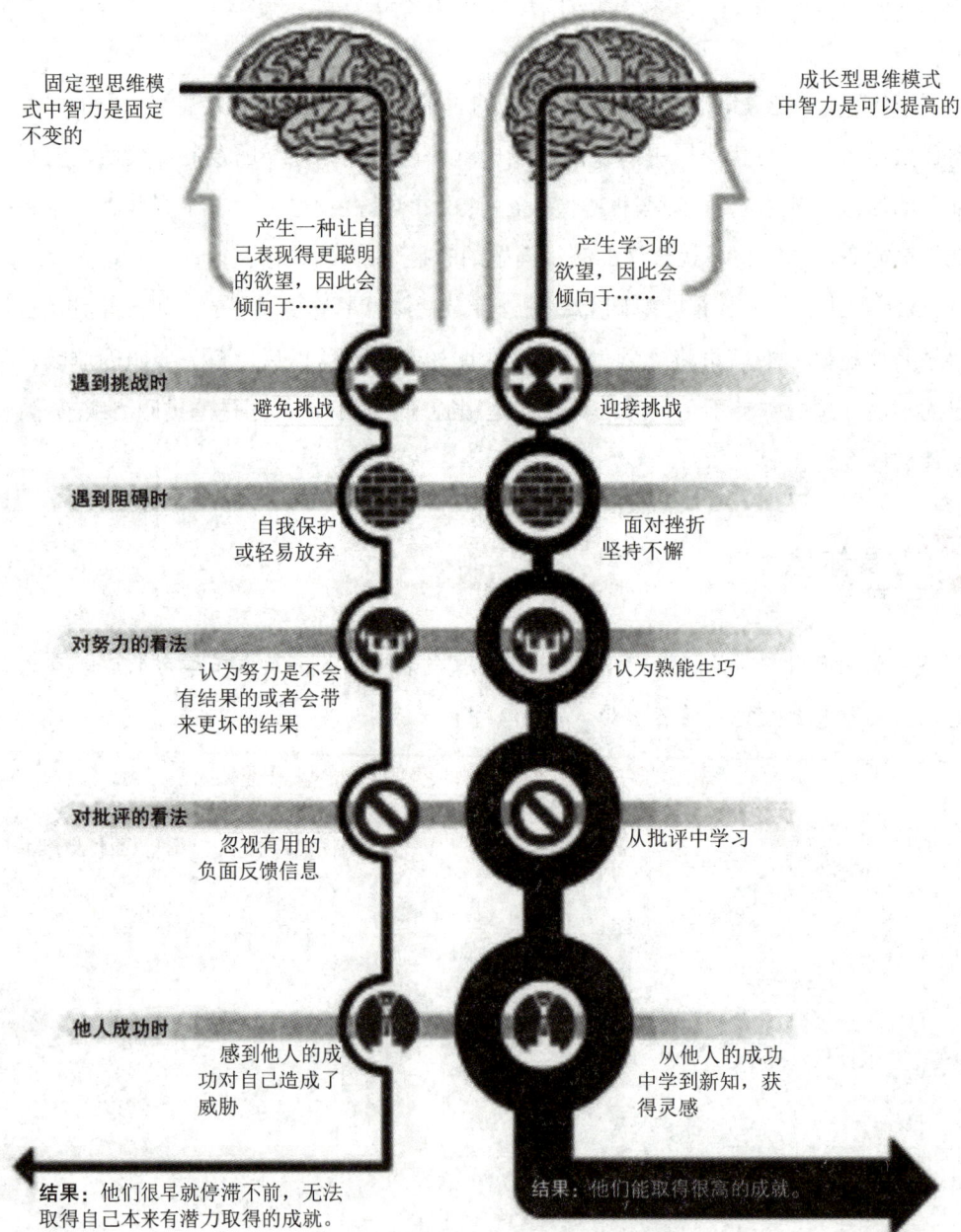

固定型思维模式中智力是固定不变的

成长型思维模式中智力是可以提高的

产生一种让自己表现得更聪明的欲望，因此会倾向于……

产生学习的欲望，因此会倾向于……

遇到挑战时
避免挑战

迎接挑战

遇到阻碍时
自我保护或轻易放弃

面对挫折坚持不懈

对努力的看法
认为努力是不会有结果的或者会带来更坏的结果

认为熟能生巧

对批评的看法
忽视有用的负面反馈信息

从批评中学习

他人成功时
感到他人的成功对自己造成了威胁

从他人的成功中学到新知，获得灵感

结果：他们很早就停滞不前，无法取得自己本来有潜力取得的成就。

结果：他们能取得很高的成就。

图 1-1　固定型思维与成长型思维对五种情况的反应

培养成长型思维的 15 个问题：

(1) 今天是什么让你努力思考？

(2) 为了把事情做得更好，下次你会怎么做？

(3) 谁可以给你忠实的反馈？

(4) 你对自己抱有高期望，还是差不多就好？

(5) 是否检查过学习或逻辑中存在的错误和瑕疵？

(6) 今天打算如何挑战自己？

(7) 你还想学什么？

(8) 你全力以赴了吗？

(9) 需要时你会寻求帮助吗？

(10) 对最终结果自豪吗？为什么？

(11) 从这次经历或错误中学到了什么？

(12) 你可以尝试哪些策略？

(13) 如果过于简单，如何提高难度？

(14) 如何做到心无旁骛？

(15) 下一个挑战是什么？

表 1-4 是我们生活学习中比较常见的思维陈述，请比较两种言语表述的区别。

表 1–4　固定型思维与成长型思维的对比

固定型思维的陈述	成长型思维的陈述
数学不是我擅长的事情	我可以让我的大脑获得成长
我不擅长这个	我需要改变自己的策略
她是班上的聪明孩子	我的辛勤与努力见效了
分数比成长重要得多	我尚未达到那个水平
与冒险相比，看上去聪明更重要	人是可以改变的
我永远都不会那么机智	在学习中，良好的态度很重要
如果我被纠正，我会感到哑口无言	我是一个会解决问题的人

♥ 心灵练习

测 试 一

你属于哪种思维模式？回答以下关于智力的问题，判断你是否同意这些观点。

1. 你的智力属于比较基本的特质，很难做出很大改变。

2. 你可以学习新事物，但你的智力水平是无法改变的。

3. 无论你的智力水平怎么样，你总是可以大幅改变它。

4. 你什么时候都可以对你的智力水平做出根本性的改变。

问题 1 和问题 2 属于固定型思维模式，问题 3 和 问题 4 则反映出成长型思维模式。你更同意哪种思维模式呢？你可以是两种思维模式的混合，但是大部分人都倾向于其中一种。

测 试 二

请看以下这些关于个性和特点的陈述，判断你是否同意这些观点。

1. 你是某一种类型的人，基本没有什么方法可以改变这一点。

2. 无论你是哪一种人，你总是可以从根本上改变既定类型。

3. 你可以换一种方式做事，但决定你身份的最重要的特质并不会真正改变。

4. 你总是可以改变决定你身份的基本特质。

观点 1 和观点 3 属于固定型思维模式，观点 2 和观点 4 反映出成长型思维模式。你更同意哪一项？

测试二和测试一的问题是有区别的。涉及你的智力时，你的智力思维模式开始起作用；涉及你的个人能力时，你的个性思维模式就开始运作了。个人能力指你的独立性如何，合作能力如何，社交能力如何，或者是否有爱心等。固定型思维模式让你更关心别人如何看待你；而成长型思维模式让你更关心你能否提高自己。

♥ 心灵拓展

下面提供了部分成长型思维的资源，请同学们进行阅读和鉴赏。

★ 书籍

《美丽的错误》(Beautiful Oops)，作者：巴尼·萨尔茨伯格 (Barney Saltzberg)

《点》(The Dot)，作者：彼得·H. 雷诺兹 (Peter H.Reynolds)

《每个人都能学会骑自行车》(Everyone Can Learn to Ride a Bicycle)，作者：克里斯·拉丝齐卡 (Chris Raschka)

《如果你想看鲸鱼》(If You Want to See a Whale)，作者：茱莉娅·福利亚诺 (Julia Fogliano)

《伊什》(Ish)，作者：彼得·H. 雷诺兹 (Peter H.Reynolds)

《了不起的杰作》(The Most Magnificent Thing)，作者：阿什莉·斯拜尔 (Ashley Spires)

《哦，你要去的地方》(Oh, the Places You'll Go)，作者：苏斯博士 (Dr.Seuss)

《工程师，罗西·里维尔》(Rosie Revere, Engineer)，作者：安德里亚·贝蒂 (Andrea Beaty)

《不可思议的灵活大脑：拉伸它，塑造它》(Your Fantastic, Elastic Brain:Stretch It, Shape It)，作者：乔安·迪克 (JoAnn Deak)

★ 电影

《天降美食》(Cloudy with a Chance of Meatballs)(2009，索尼影业动画)

《拼凑梦想》(Spare Parts)(2015，Pantelion 影业公司)

《疯狂动物城》(Zootopia)(2016，迪士尼)

★ 视频短片 / 电视节目

《奥斯丁的蝴蝶：打造卓越的学生作业》(Austin's Butterfly:Building Excellence in Student Work)

《凯恩的游乐场》(Caine's Arcade) 作者：纳凡·穆立克 (Nirvan Mullick)

《信念的力量》(The Power of Belief)TED 演讲，演讲者：爱德华多·布里塞尼奥 (Eduardo Briceno)

《相信你能提高的力量》(The Power of Believing that You Can Improve)TED 演讲，演讲者：卡罗尔·德韦克

《你能学会任何事情》(You Can Learn Anything)(可汗学院)

★ 歌曲

《攀登》(The Climb)，演唱者：麦莉·塞勒斯 (Miley Cyrus)

《不要放弃》(Don't Give Up)，演唱者：《芝麻街》中的布鲁诺·马尔斯 (Bruno Mars)

《跌倒站起来》(Fall Up)，演唱者：苏斯·B(Sus B)

《烟火》(Firework)，演唱者：凯蒂·派瑞 (Katy Perry)

《尚未的力量》(Power of Yet)，演唱者 :《芝麻街》中的加奈儿·梦奈 (Janelle Monae)

《我是什么样的人》(What I Am)，演唱者 :《芝麻街》中的威廉 (will.i.am)

决定人生的不是天赋，而是思维模式。一时的成功和失败不重要，重要的是始终保持积极学习的态度，坚信努力的价值和意义，做到终身成长。

学习完本节内容，请回忆近一周发生在你身边的事，我们一起来练习和巩固成长型思维吧，请将相关信息填入表 1-5 中。

表 1-5　不同思维的做法

本周发生的事	如果使用固定型思维，我会怎么办？	如果使用成长型思维，我会怎么办？	拥有成长型思维，我会发生什么改变？
挑战的事			
难过的事			
委屈的事			

学习完本节内容，你印象最深刻的是什么？联系实际生活，你有什么启发？写下来吧。它将让你看见自己的感受与成长，看见自己的反思与力量。

_____

_____

_____

_____

第三节 我的心理健康我会维护

——辨析心理，了解规则

> 如果没有健康，智慧就难以表现，文化无从施展，力量不能战斗，财富变成废物，知识也无法利用。
>
> ——（古希腊）赫拉克利特

截至 2021 年，我国有超过 3500 万名就读于中职学校的学生，他们的心理健康问题越来越引起人们的关注。中职学校的学生需要直接面对社会和职业的选择，他们的自我意识、人际交往、求职择业、情感、学习和生活等方面会产生各种各样的心理困扰或问题。2020 年一项中职生心理健康抽样研究显示：有中等水平以上心理问题的学生约占 12.96%；其中有中重度心理困扰的男生占男生总人数的 8.70%，有中重度心理困扰的女生约占女生总人数的 16.13%。

一、中职生常见的心理问题

（一）厌学心理

学习应当是所有学生的首要任务，很多学生在成长过程中所出现的问题与学习活动密切相关，中职生的身心发展也主要是通过学习来实现的，学习心理问题也是中职生最普遍、最常见、最突出的心理问题。中等职校的学生普遍存在学业不良的现象，对学习的认知内驱力不足，没有学习的长期目标，对学习提不起兴趣；没有掌握基本的学习策略，因为不会学而学不好，由学不好到不愿意学，学习焦虑现象比较普遍，最后发展到厌学、逃学。

（二）人际障碍

有调查显示，人际交往问题已成为引起中职生心理障碍的重要因素。许多中职生因缺乏独立生活的能力、良好的社交能力和互助合作的精神，导致他们在认识和评价他人的过程中往往带有主观、极端、简单化的倾向，造成人际关系紧张的结果。他们的人际关系主要是与同伴的关系，与父母的关系，与教师的关系。他们人际交往方面的问题表现在以下三个方面：

(1) **同伴交往问题**。进入青春期后期的中职生有许多心理上的不安和焦躁，他们需要与朋友交流思想，但有些学生却因缺乏交往技能、害怕与异性同学交往等因素，出现多疑、交往恐惧等问题。

(2) **亲子交往问题**。中职生与父母的关系发生了微妙的变化，他们在情感上、行为上、观点上都逐渐脱离父母，很多中职生与父母的关系变得紧张。

(3) **师生交往问题**。教师是中职生接触最多的非血缘关系的成人。学生希望得到更多的平等，但有时因缺乏合理的表达方法，所以会与老师发生冲突，做出过于强烈和不得当的行为。

（三）性格问题

性格是人对客观现实的稳固态度以及与之相应的习惯化了的行为方式方面的心理特征。当一个人所持有的性格特征经常明显地偏离多数学生时，即出现性格问题。中职生表现比较多的性格问题有以下两个方面：

(1) **自我意识过于强烈**。中职生表现为遇事只考虑自己，较少考虑别人的需求，一旦自我需求不能得到满足就表现出强烈的不满和过分的挑衅行为，或者是走向另一个极端，产生过度的消极反应。

(2) **依赖心理**。具有依赖心理的学生呈现出依赖性人格特征，无论是和家长、教师相处，还是和同学相处，都不敢声明自己的主张，也不敢自己做决定。

（四）情感困惑

中职生恋爱已成为正常而普遍的现象，然而如果处理不好恋爱交友的问题就会导致情感上的困惑与危机。有些中职生因心理不成熟及未接受过科学的性健康教育，导致他们的恋爱观和性道德观都存在误区，表现出自控力弱，行为盲目，不计后果的特征，很容易产生各种情感问题。

（五）消极情绪

在社会和家庭的双重影响和刺激下，中职生的心理压力增大，常常感到身心疲惫，主要表现有下列几种情形：

(1) **焦虑**。焦虑是指一定的威胁情景对中职生的自尊等心理造成伤害而引起的一种不安的情绪，主要表现为学习焦虑和人际交往焦虑两个方面。

(2) **抑郁**。这类学生往往会因为一个危机事件，如失去亲人而引发消极情绪等。抑郁的学生会感到心情沉重，生活无乐趣，甚至悲观厌世。

(3) 冲动。有些中职生的思维存在片面性和表面性，不够冷静，有时往往会爆发出强烈的愤怒情绪，并伴随过激的行为，如大声吼叫、拍桌子等。

学校和社会应重视和加强心理健康教育在中职学校中的地位，积极开展各项心理疏导活动，为学生的心理健康发展保驾护航。

（六）社会压力

目前，整个社会的市场竞争日趋激烈，一方面，学生的学习、生活节奏日益加快；另一方面，家长对中职生倾注的过大期望值与现实就业状况形成了较大反差，这些都给中职生，特别是基础较差的学生带来了巨大的心理压力。在诸多沉重压力的长期困扰下，许多中职生时常感到精神紧张、心理压抑、身心疲惫。个别学生还因为无法排遣思想压力引发严重的心理疾患。

我们要知道，心理问题是一个中性词，是一种自然现象。每个人都有心理问题，只是程度不同。心理问题源于需要与满足的失衡。

心灵体验

五指山的期待

现在，请你拿出一张纸和一支笔，在纸上画出你的左手手掌的轮廓，如图1-2所示。请你在每根手指头的位置画上指纹，然后再用你的右手重复一遍。

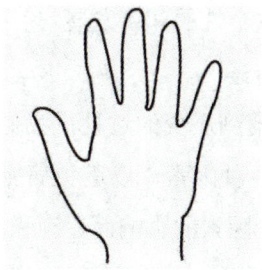

图1-2　左手掌的轮廓

1.请你把自己的掌印与其他同学的掌印对比一下，你会有什么发现？你能找到两只掌印一模一样的手掌吗？

_____

_____

2.请在所画的每根手指上填写一个描述自身独特性的词，然后与同学交流和思考每个人的特点。

点拨：每个人都是独一无二、与众不同的，请相信自己的价值和才能，希望我们都能拥有李白所说的"天生我材必有用"的气魄，坚信自己存在的价值。

二、心理健康活动课的意义

（一）有利于学生的健康成长

中职生正处在心理功能迅速发育成熟的时期，开展心理健康教育，让学生了解和掌握心理健康教育的内容，就是及时有针对性地施以教育，让学生知道什么是健康和不健康的心理状态，学会保持心理健康，促进学生健康成长。

（二）有利于学习效率的提高

健康的心理对提高学习效率、促进竞赛技能的发挥起着重要的作用。一个心理健康的人是处于一种朝气蓬勃，学习有劲头的状态。而一个心理不健康的人常常心神不定，思虑过多，不能把精力集中于学习和工作上，这样既影响生活效率，也大大妨碍其创造性才能的发挥。

（三）有利于智力与个性的和谐发展

心理健康对于促进人的智力与个性的和谐发展，发挥人类的聪明才智以及培养人才具有重要意义。心理健康对于处在智力发展和个性形成时期的中职生尤为重要。学生如果重视心理健康，就可使他们的大脑处于最佳状态，更好地发挥大脑的功能，有利于开发智力，充分发挥自身能力，促进个性的和谐发展。

（四）有利于心理疾病的防治

心理疾病的发生有一个从量变到质变的过程，我们重视学生的心理健康，就要注意防止和消除学生产生心理疾病的各种因素，以避免病变的发生和发展。人的心理疾病大多数是在成长过程中受到各种社会因素的影响而逐渐积累形成的。

如果发现学生有了心理病变的苗头，应该及时采取适当的措施，使它在量变过程中得以终止和消失；如果学生确实患了心理疾病，应尽早给予积极的治疗，使其尽快恢复健康。

心理健康活动课就是这样一门助人自助的课程。学习了这门课后，学生在遇到烦恼与困惑的时候能够自己帮助自己，可通过及时寻求心理辅导和进行咨询等方式认识和解决生活中的烦恼，成为一个健康、快乐、幸福的人！

❤ **心灵思考**

我所期待的心理课：

心理健康活动课将帮助你认识自我，提升自我价值，开发自我潜能。在课程开始前，你肯定有许多期待吧！请写下你对课程的期待吧！

我期待通过心理健康活动课，_____

_____

三、心理健康活动课的特点

与传统意义上的学科教学相比较，以活动为主的心理健康活动课程有着鲜明的特点，与传统课程的教学方式差异较大。

（一）强调参与和体验

传统的学科课程既具有科学性的社会经验又具有自然经验，是一种"了解→体验"的课程。心理健康活动课恰恰与之相反，是一种"体验→了解"的课程，这决定了心理健康活动课的教学模式是有别于其他学科的。在心理健康活动课上，教师通过运用多元化的手段与方法，创设一定的情境，营造一定的氛围，将内容逐步呈现到学生面前。而在这一逐步呈现的过程中，学生要积极参与、投入到活动中去，感受问题情境，并从活动中归纳总结，从而悟出道理，感悟生活，从体验中获得对自己成长有意义的东西。

（二）强调自我探索

心理健康教育活动是一种学生自我教育的活动。心理健康活动课传授的是关于自我的知识，是学生进行自我探索、自我感受的过程。心理健康活动课是一门教师和学生一起分享成长过程中的烦恼、困惑、担心的课程，它能为学生带来思考，让学生学会正确处理生活、学习中所遇到的困惑与疑问，有利于学生探索自我、认识自我、调节自我和完善自我。在心理健康活动课上，教师是课堂的组织者和引导者，教师不再对学生进行简单地说教和灌输知识，而是帮助学生发现自己的问题，找到解决问题的办法，从而达到助人自助的目的。

💗 **心灵体验**

我的课堂契约书

我誓以至诚，从 _____ 年 _____ 月 _____ 日始，全程认真参与心理辅导活动，愿以真挚的情，热诚的心，遵守下列"自我承诺五条款"，若有违背，无条件接受自我检讨。

1. 我绝不 _____

2. 我愿意 _____

3. 我能够 _____

4. 我保证 _____

5. 我期待 _____

让我们和同桌彼此击掌，以大笑三声代表自我承诺，以全班鼓掌代表见证自我期许。生命的旅程开始扬帆起航了，在接下来的一个学年中，我们将使用成长型思维模式一起携手，相互支持，相互鼓励，在活动和体验中了解自我，发展自我，破解成长中的难题。你，准备好了吗？

四、心理咨询

（一）心理咨询的内容

心理咨询的内容可分为三个方面：一是帮助正常的、健康的、无明显心理冲突的来访者更好地认识自己，帮助他扬长避短，充分发挥其潜能，以提高其学习与生活质量。二是心理适应咨询，它针对的是在生活、学习中遇到各种烦恼或有明显的心理矛盾和冲突的来访者，咨询的目的是帮助来访者排除心理困扰，以减轻心理压力，提高适应能力。三是心理障碍咨询，即帮助来访患者治疗某种心理疾病，恢复正常的学习与生活，咨询的目的是通过心理咨询和心理治疗，帮助来访患者克服心理障碍，恢复心理健康。

💗 **心灵思考**

如果你遇到心理问题，使用成长型思维模式，你会采取哪些求助方法？

（二）心理咨询的准备

作为学生，当出现心理困惑需要进行心理咨询时，应该做些什么准备？

(1) 想好开头说什么。有些同学见到心理辅导老师后情绪波动很大，不知从何说起，浪费好多时间。应事先想好开场白，用简单的话语切入主题。

(2) 把心理辅导老师看作一个特别亲密的朋友。心理问题大多要有情感上的倾诉，这是来访者和心理辅导老师的共同愿望，并且心理辅导老师会对你的秘密给予绝对的保密，因此面对心理辅导老师时，应尽可能敞开心扉。

(3) 有问必答比拐弯抹角更利于沟通。一些同学会存在种种顾虑，例如，有的同学说到一半忽然后悔了，有些人因为怕出丑、害羞等原因不肯说关键原因，这样不利于达到医治心病的目的。

(4) 不必过分地关注自我的表现与形象。求助不是求职，心理辅导老师不太关注你的外在表现，而是更注重解决你的心理问题。

(5) 不要期望心理辅导老师给你决策。对于很多决定性的问题，心理辅导老师不会给来访同学一个明确的答复。他们只能给你分享一些观点和道理，启发、疏导你的"症结"，最后的决定权取决于你自己。

(6) 不要希望通过一次咨询就"根治"问题。心理咨询不是"灵丹妙药"，一次就能"药到病除"。

心理指导的目的是加深学生的自我认识，有效地开发学生的潜能、优化人格；或是通过咨询分析学生成长遇到的烦恼，共同寻找出有效的对策，改善学生的适应能力。

♥ 心灵练习

观看法国心理电影《放牛班的春天》，体验音乐带给自己的影响，同时写下自己的观后感。

学习完本节的内容，请结合自身实际，思考你如何看待心理健康活动课上发生的事，我们一起来练习和巩固成长型思维吧，请将相关信息填入表1-6中。

表 1-6　不同思维的做法

心理健康活动课	如果使用固定型思维，我会怎么办？	如果使用成长型思维，我会怎么办？	拥有成长型思维，我会发生什么改变？
开心的事			
担心的事			
讨厌的事			
期待的事			

学习完本节内容，你印象最深刻的是什么？联系实际生活，你有什么启发？写下来吧，它将让你看见自己的感受与成长，看见自己的反思与力量。

_____

_____

_____

_____

第四节　我积极适应校园生活

—— 接纳现状，规划未来

> 明白事理的人使自己适应世界，不明事理的人却在设法使世界适应自己。
>
> ——萧伯纳

变化无处不在，无时不在。从呱呱坠地到长大成人，人自身的变化从没有间断过，同时也在不断地适应外界的变化。当个体自身与环境达到了协调一致时，就能够顺利掌握各种技能，健康成长，适应社会。中职生正处于生理和心理急速发展的阶段，如何让学生在不断变化的环境中学会适应是一项艰巨的任务。培养中职生适应社会的意识，为其以后的生活道路积累资源，是中职教育必须重视的问题。

一、适应及其相关概念

（一）适应的定义

适应用来表示对环境变化做出的反应，如对外部物理刺激变化的适应和对社会行为变化的适应。适应原本是生物的一种本能，是使生物能够维持生命、保持种族延续的基本能力。动物和植物都具有这种能力，达尔文的进化论就是对此的有力证明。但是人类的适应与其他生物有本质的不同，因为人类的适应不仅是维持生存的本能式适应，而且是一种通过改变外界环境并结合自身条件创造发展机会的主动和能动的适应。

（二）消极适应和积极适应

适应的分类因依据不同而相异。现实生活中，人们根据对环境适应的性质，将适应分为两种：一种是消极适应，一种是积极适应。

消极适应是指环境中的消极因素抑制了自身的积极因素，个体改变自己的行为或态度以适合外部环境的要求。这是一种基本的、比较被动的适应方式，作用是求得一时的平衡。其结果是环境改造了人，而人未发挥自己对环境的能动作用。

积极适应是指个体充分发挥自身的主观能动性，尽最大可能改变环境使之适合自身潜能发展的需要。积极适应是一种比较高级、主动的适应方式。马斯洛在其《心理学的依据和人的价值》一书中强调："人最终不是被浇铸、塑造或教育成人的。环境的作用最终只是允许或帮助他使自己的潜能现实化，而不是实现环境的潜能。"可见，发挥能动性、积极适应环境，激发了个体潜能，促进了个体的发展。积极适应是从一个目标走向另一个目标，是发展的适应。适应是为了发展，发展是适应的一种结果，动态的、积极的适应就是发展。由于环境在不断地变化，个体自身也在发生着变化，所以适应总是相对的、暂时的平衡状态，而发展则是绝对的、永恒的。个体在对环境不断适应的过程中，既得到了发展，也体现了成长。

在个体发展过程中，生存和发展的关系密切，因此，消极适应和积极适应这两种适应方式也是相辅相成的。事实上，两种适应都有其重要价值。首先要能够生存，其次才能谈得上发展。通常是先学会了生存适应，然后才能达到发展适应的水平。

（三）"三个认知"帮你轻松适应新环境

(1) 地理认知，即对新环境进行"侦察"，如面积多大？有多少建筑？附近有什么？和自己以前的学习或生活环境有什么不同？这是对新环境产生感情的基础。

(2) 人文认知，即尝试了解新环境的历史与沿革，让新环境在不知不觉中成为自己思想的一部分。同时在这个过程中了解新环境生活的基本流程与规则，为全面融入新环境做好心理准备。

(3) 沟通认知，即通过沟通，尽快与周围的人熟识并找到新的朋友。

♥ 心灵练习

我的适应地图

请你写出学校准确的地理位置。

_____

_____

请写出你对这所学校的了解情况。(越多越好)

_____

_____

_____

你是通过什么渠道了解到这些情况的？

_____

请你写出在学校这段时间的适应状况，包括生活、学习、活动的事情（如睡觉、吃饭、与寝室同学关系、担任班干部、交朋友、与老师交流情况等）。

_____

_____

_____

_____

面对这些适应问题，你是怎么想的？你有什么样的感受？你会怎么做？

_____

_____

_____

如果使用成长型思维模式来看待自己的不适应状况，你会如何应对？

_____

_____

_____

二、中职新生常见的适应问题

（一）生活不适应

不少学生都是第一次离开家庭进入中职学校寄宿学习的，当各种小问题没有处理得当而越积越多，超过个人的心理承受能力时，就会造成心理问题，出现失眠、食欲不振、注意力不集中及烦躁、焦虑不安等情绪，使其适应环境变得更加困难，有些中职生还可能因此产生退学的念头。生活不适应的问题不仅存在于新生之间，一些高年级的中职生在实习、实训、求职等方面也会出现不适应的表现。可见，独立生活，能够自主决定发展大事，有较强的自理能力，这些都是每个中职生必须跨越的人生关口。总是等着他人帮助，凡事依靠父母，是无法面对复杂多变的社会生活的。

（二）心态不适应

与昔日初中同学相比，自己进入了中职学校学习，而他们在普通高中学习，由此对比产生的心理失衡使中职生对自己的评价变得负面消极，认为只有普通高中的学生才能成功，而职校生是没有前途的，易产生"破罐子破摔"的念头。

（三）人际交往不适应

人际交往不适应分为两种，一是对师生关系不适应；二是对同学交往不适应。在小学、初中阶段，老师和学生的关系非常紧密，尤其是班主任，他们关注着学生的学习、生活等方方面面；而中职学校的老师与学生是平等的，交往是宽松的，老师对学生主要起引导、点拨的作用，以给学生自主发展的空间。有些中职生因此觉得中职学校的老师不亲切、比较冷漠。由于缺乏一定的人际交往经验和技巧，许多中职生会感到孤单失落，不愿意主动适应新环境。在人际关系改变初期，一些中职生不能承受孤独和挫折，觉得自己不被接纳，陷入苦闷和焦虑的情绪之中。

♥ 心灵聚焦

案例：中职学校一年级学生张军从小在农村长大，家庭生活条件不好。考入职校后，张军看到一些同学比吃比穿，看不起家庭不富裕的同学，因此张军觉得城里同学之间人情淡漠，太看重金钱和地位。他认为自己是来学习的，不是来炫耀、攀比的，因此慢慢疏远了城里的同学，最后发展到和所有同学都交往困难。

1. 分析一下，这个案例中的张军存在哪些心理困惑。

2. 如果张军是你的朋友，请你试着使用成长型思维模式开导他去积极主动地开展人际互动。

_____

_____

_____

（四）学习不适应

中职学校的学习与初中的学习不同，初中时期的学习目标非常明确、具体，老师和家长会采取各种方法鼓励和监督学生学习，学生处于被动状态。进入中职学校后，教师和家长对学生学习的要求没有初中严格。学习主要是学生自己的事，是为了将来能够胜任工作做准备。很多中职生习惯了初中时有老师和家长监督的、有明确要求的学习，不适应为一个长远的目标，自己制订计划的学习。

心灵体验

心理剧创作

在新生宿舍里，室友们谈天说地，热闹非凡。来自外地的李同学却非常安静，他从踏进宿舍门后就一句话也不说，室友们觉得他性格很怪，李同学很难过，但是只有经常和他打电话聊天的好友才知道……

一起来创作：

1. 李同学会跟好友聊什么呢？好友会跟他说什么呢？

2. 其他的寝室同学又是怎么想的呢？

3. 如果李同学是一个固定型思维的人，他会怎么应对？

4. 如果李同学是成长型思维的人，他会如何迎接这个挑战？

5. 如果你是他的室友，请你使用成长型思维支持他迎接这个挑战。

三、积极适应，主动接纳

（一）提升生活自理能力

适应环境也是一个人的能力，那些具有较高生活能力和自理能力的人，能很好地安排自己的生活，快速地适应新环境。而那些长期被父母照顾，不具备独立生活的能力，甚至连基本的衣食起居都不能自理的同学，一旦面对必须要解决的生活问题，如洗衣服、打扫宿舍、消费、保护财物等，就会束手无策、心烦意乱。缺乏独立生活的能力会大大加剧适应环境的困难，所以提高生活自理能力是适应环境的基础。生活自理能力是从一件件小事中培养出来的，如果你的独立生活能力不强，不要恐惧，可以从身边最小的事开始做起，如自己洗衣服、整理床铺、收拾宿舍等。

（二）我接纳我是中职生

中职生也是一名高中生，它是职业高中生，只是要比普通高中生更早地规划自己的职业方向。中职生用什么方式看待自己，决定着其是否能尽快地适应新环境，也决定着其是否能取得成功。不相信自己的人往往会夸大自己内心的脆弱与不安，也会夸大他人的力量，总觉得他人比自己强，比自己好，比自己聪明，比自己快乐，比自己更受人欢迎。不相信自己的人往往会用灰色的眼光来看待世界，对世界抱着否定、怀疑的态度。自信的一个重要表现是敢于承认自己的不足。在适应新环境的过程中，中职生会发现以前没有意识到的不足，这时不要刻意地伪装和掩饰自己的不足，而是要勇敢地承认和接受自己的不足，我就是中职生，中职生也有自己的优势与价值。

（三）尊重他人，宽以待人

在中职学校的人际关系中，最多的还是同学之间的关系。由于班级和宿舍里的同学来自不同的地方、不同的家庭，所以他们在思想观念、价值标准、生活方式、饮食习惯、语言表达等方面都存在着明显的差异，在意见不统一时往往容易发生冲突。人与人之间的差异是客观存在的，每个中职学校的新生都必须面对并接受这一事实。要想处理好同学关系，中职生要认清每个人都有自己的生活习惯和看待事物的角度这一事实，并以平等的态度对待他人，尊重他人，不苛求他人必须按照自己的意愿做事，多欣赏他人的优点，欣赏他人的长处，不随意侵犯他人，做到对人宽、对己严，切忌以自我为中心。在平时的生活中，中职生要努力做到"三主动"，即主动与同学打招呼，主动和同学讲话，主动帮助他人。在帮助他人的时候，不要过于计较他人能不能、会不会感谢报答自己。此外，中职生还要主动去做一些公共的工作，如擦黑板、扫地、打水等，以增加同学对自己的好感，建立良好的同学关系，结交新的朋友，顺利适应新环境。

（四）掌握有效的心理适应策略

人的成长过程就是一个不断适应新环境的过程。在这个过程中，适应的关键是内部心理活动的自我调节。自我调节应做到以下几点：

(1) 要有较强的分析问题和正确判断问题的能力，面对新环境，要能够尽快了解新的要求，明确努力的新方向。

(2) 要对自己有一个全面客观的评价，了解自己不适当的表现和与其他人存在的差距，同时也要看到自己的潜力，在此基础上形成积极的自我观念，做到自尊自爱，对自己始终充满自信。

(3) 要使自己具有坚韧、顽强、果断的精神和较强的自制力、竞争意识和好胜心，还要有对人、对事宽容的态度与豁达的胸怀。

(4) 要增强自我监控的意识和自我调节的能力，积极参加心理健康辅导与训练，掌握一些适应环境的技巧，以帮助自己少走弯路。

心灵思考

> 经过本节课的学习，请你结合自身的适应情况，用成长型思维模式对接下来的职校生活做一个规划？
>
> _____
>
> _____
>
> _____

请记住成长型思维模式，有了它，相信你可以成为一个更加积极、更有勇气、更加开朗的人。如果你遇到了困难，就去试试这种思维模式，它会一直在那里等着你，为你展示通往未来的路。

心灵练习

1. 故事《雄鹰再生的故事》

老鹰是鸟类中的长寿"明星"，它的年龄可达70岁，如果要活到这么长的寿命，那么它在40岁时就必须做出一个艰难却重要的决定。当老鹰到40岁时，它的爪子开始老化，无法有效地抓捕猎物，它的喙变得又长又弯，几乎可以碰到胸膛，它的翅膀变得十分沉重，因为它的羽毛长得又密又厚，使得飞翔变得十分吃力。这时老鹰只有两种选择：等死或者经历十分痛苦的自我蜕变。为了重生，老鹰必须很努力地飞到山顶，在悬崖上筑巢，然后停留在那里，不得飞翔。首先，老鹰用它的喙击打岩石，直到喙完全脱落，然后静静地等待新的喙长出来。然后，它再用新长出的喙把脚上的趾甲一个一个地拔出来。当新的趾甲长出来后，老鹰再把自己的羽毛一根一根地拔掉。5个月以后，新的羽毛长出来了，这时的老鹰又可以开始飞翔了，它还可以再度过30年的岁月。

2. 书籍《你可以不怕改变：适应力四步到位》[(美)M.J.赖恩著，沈维君译]

当我们处于变故中或面临某些改变时，我们最常见的反应是愤怒或否认……然而，你知道怎样真正改变和如何适应吗？我们的身体不是机器，不是设定好要求就能按设定的要去改变的。这本书可以教会你在改变时应具有的心态和行动的方法，书中大量的案例都在告诉你：你可以不怕改变！

3.电影赏析《阿甘正传》

主人公阿甘是一个智商只有75的低能儿，在学校里为了躲避其他孩子的欺侮，他听从朋友珍妮的话开始"跑"。在中学时，他为了躲避他人而跑进了一所大学的橄榄球场，阿甘被破格录取，并成了橄榄球巨星，受到了肯尼迪总统的接见。淳朴善良的阿甘后来经历了越战，失去了挚友，成为了越战英雄，之后还成为了乒乓球外交大使。退伍后的他创办企业，成为影响美国的名人，也最终抱得美人归。阿甘诚实、守信、认真、勇敢、重情，对人只懂付出不求回报，也从不介意他人拒绝，他始终豁达、坦荡地面对生活。"人生就像巧克力，你永远不知道下一个拿到的是什么口味。"这句经典台词激励了无数对未来焦虑不安的人，要怀抱希望，生活处处有惊喜。

学习完本节的内容，请结合自身实际，思考来到这个新学校后，你在适应过程中的那些事。我们一起来练习和巩固成长型思维，并将相关信息填入表1-7中。

表1-7　不同思维的做法

我不适应新学校的哪些事	如果使用固定型思维，我会怎么办？	如果使用成长型思维，我会怎么办？	拥有成长型思维，我会发生什么改变？

学习完本节内容，你印象最深刻的是什么？联系实际生活，你有什么启发？写下来吧。它将让你看见自己的感受与成长，看见自己的反思与力量。

_____

_____

_____

_____

第二章 我的青春我做主

本章概述

全面认识自己就是要认识自己的兴趣、能力、个性、价值观等。每个人只有清晰地认识自己，才能获得健康幸福的生活。一个人，无论做什么事情，如果没有对自我有清晰的认知与愉悦地接纳自我，就容易迷失自我。我们每个人都是独一无二的，都有自己的优势和不足。现在，让我们一起发现自己的独特和精彩，接纳和完善自己的不足，一起创造更美好的青春。

第一节 我是一个独一无二的人

——认识自我，了解自我

> 聪明的人只要能认识自己，便什么都不会失去。
>
> ——尼采

在古希腊德尔菲的一个古神庙前，有一块石碑上刻着："认识你自己。"这句话点出了每个人心中都无法回避的命题：认识自己。只有认识自己，才能在人生的地图上找到自己的位置，展示真我风采。在这个世界上，每个人都是独一无二的个体。我们需要用心观察自我、发现自我的独特之处，每一个生命的存在都有特别的意义。

❤ 心灵聚焦

庄周梦蝶

从前，庄周梦见自己变成了一只翩翩起舞的蝴蝶，他感到非常快乐，悠然自得，甚至忘了自己是庄周。突然，庄周梦醒了，却发现自己仍僵卧在床。不知是庄周做梦变成了蝴蝶，还是蝴蝶做梦变成了庄周？

在这里，庄子提出一个哲学问题——人如何认识真实。

你是否也曾有过这样的困惑：自己到底是一个怎样的人？认识自我、发展自我是我们一生都离不开的课题。

一、中职生自我意识的基本特点

中职生的自我意识有以下几个基本特点：

(1) 自我意识中的独立意向的发展。进入中职学校后，中职生的独立愿望日趋强烈，但这种独立与初中时的反抗性有所不同，它是建立在与成人和睦相处的基础上的。他们开始能够与成年人保持互相肯定、互相尊重的关系，反抗性成分逐渐减少。

(2) 自我意识成分的分化。中职生的"理想我"与"现实我"逐渐分化，他们更愿意按照自己的想法去判断和控制自己的言行，他们的想法与言行也常常会有自我矛盾的地方。

(3) 自我评价的成熟。中职生能独立客观地评价自我的内心品质、行为动机及效果的一致性等，他们重视个性发展，追求个性完善。

(4) 有较强的自尊心。言行受到肯定和赞赏时，中职生会产生强烈的满足感，反之，易产生强烈的挫折感。

心灵体验

1. 认识我的初体验

找到你的一位伙伴，用一分钟的时间向对方介绍自己，看看你有什么感觉？

我最喜欢的事：_____；

我最讨厌的事：_____；

对现在的生活，我感觉：_____；

我大部分时候的心情：_____；

因为 _____我会很幸福；

因为 _____我会很不安；

我喜欢自己，因为 _____；

我觉得大多数人对我的评价是 _____。

2. 制作专属标签

用"我是"开头，凭直觉尽可能多地完成自我陈述，制作你的专属标签。

我是 _____。   我是 _____。

我是 _____。   我是 _____。

我是 _____。   我是 _____。

我是 _____。   我是 _____。

试着根据以下条件对你的自我陈述进行分类和评估，觉察你的自我评价更多集中在哪些领域。

A. 身体状况（   ）项   B. 情绪状况（   ）项

C. 才智状况（   ）项   D. 社会关系（   ）项

二、认识自我的工具：周哈里窗

心理学家鲁夫特与英格汉提出的"周哈里窗 (Johari Window)"模式如图 2-1 所示。"窗"是指一个人的心就像一扇窗，周哈里窗展示了关于自我认知、行为举止和他人对自己的认知之间在有意识或无意识的前提下形成的差异，并由此分割为四个范畴。按照普通窗户的四分法，把人的内在分成了四个部分：开放我、盲目我、隐藏我、未知我。

	了解自己	不了解自己
他人了解	**公开的自己** 你和他人都很了解的你本人	**盲目的自己** 别人很了解你，但你对自己的了解不甚清晰
他人不了解	**隐藏的自己** 你很了解自己，但别人不了解	**未知的自己** 你和别人都不清楚的关于自己的信息

图 2-1 周哈里窗

打开心灵之窗，让阳光抵达。我们来详细地说说，如何开好这些窗户，让自我认识更加深刻。

(1) 开放我。这是自己和别人都了解的部分，比如，我们的性别、外貌、职业、能力、爱好、特长、成就等。"开放我"的大小取决于自我心灵开放的程度、个性张扬的力度、人际交往的广度、他人的关注度、开放信息的利害关系等。"开放我"是自我最基本的信息，也是了解自我、评价自我的基本依据。

(2) 盲目我，也称"背脊我"，属于盲目领域。这是自己不知道而别人却知道的部分，可以是一些很突出的心理特征，比如有人轻易承诺却转眼间忘得干干净净。盲目点可以是一个人的优点或缺点。因为事先不知、不觉，所以当别人告诉自己时，多数人会表现出惊讶、怀疑或辩解的态度。通常善于自我观察、自我反省的人，他的"盲目我"会比较小。所以，我们要重视他人的回馈，不过于固执，自己拨开迷雾见青天。

(3) 隐藏我，也称"隐私我"，属于逃避或隐藏领域。这是自己知道而别人不知道的部分，比如不愿意或不能让别人知道的事实或心理，如身份、缺点、往事、疾患、痛苦、窃喜、愧疚、尴尬、欲望、意念等，都可能成为"隐藏我"的内容。适度的内敛和自我隐藏是正常的心理需要，因为没有任何隐私的人会缺乏自在感与安全感。但是"隐藏我"太多，"开放我"就太少，这样既压抑了自我，也令周围的人感到压抑，容易导致误解和曲解，成为人际交往的迷雾与障碍，甚至错失机会。勇于探索自我者，不能只停留在"开放我"的层面，还应敢于直面"隐藏我"的秘密和实质。

(4) 未知我，也称"潜在我"，通常是指个人的一些潜在能力或特性。比如一个人经过训练或学习后，可能获得的知识与技能，或者在特定的机会里展示出来的才干。我们学着尝试一些全新的领域，挖掘潜力，会收获惊喜。只有坚持对"未知我"的探索和开发，才能更全面更深入地认识自我、激励自我、发展自我、超越自我。

❤ 心灵练习

我的周哈里窗

邀请家人、同学和身边熟悉你的人一起探索，看看我们对自己的认识与他人对我们的反馈有什么异同点，分别填入表2-1中适当的位置，并与大家分享你的看法。

表2-1　我的周哈里窗

	别人看见	别人看不见
自己知道		
自己不知道		

温馨提醒：如果你一下子想不出适合的形容词，可以参考本节的表2-2。

三、认识自我的工具简列

（一）常用的心理测验

人格量表有明尼苏达多项人格调查表、卡氏16种人格因素测验、艾森克人格问卷。症状自陈量表有MHT中学生心理健康测试。情绪量表有焦虑自评量表、抑郁自评量表。

应激源量表有生活事件量表、社会支持量表、婚姻质量量表。常用智力量表有韦氏智力量表(成人版、儿童版、幼儿版)、比奈智力量表。

(二)五种特质因素

有心理学家利用统计分析的方法,将人格特质归纳为 12 或 16 个向度。近代研究比较一致的看法是将性格特质进行归类,最终得到五种特质因素,如表 2-2 所示。

表 2-2　五种性格特质的向度对比

特质因素	正向形容词	负向形容词
情绪稳定性(N)	平静　坚强 放松　不情绪化 安全　自我满足	多虑　烦恼　不安全 紧张　多疑　情绪化 忧郁　自卑
外向性(E)	主动　多话　好社交 健谈　乐观　好玩乐 合群　社会性	胆小　保守　无精打采 冷漠　少活力 冷淡　功利
开放性(O)	兴趣广泛　非传统的 有创造力　创新性 富于想象　好奇	兴趣狭隘　讲实际 非艺术性　习俗化 非分析性
友善性(A)	好心肠　易轻信　心地温和 脾气好　乐于助人 信任人　直率	残忍　粗鲁　报复心重 易怒　不合作　好操纵别人 多疑　愤世嫉俗
严谨性(C)	可靠　准时　有条理　有企图心 勤奋　细心　有抱负 自律　整洁　有毅力	懒惰　无目标　意志薄弱 粗心　不可靠　享乐主义 松懈

💗 心灵思考

高一电商 01 班新转来了一位普通高中的牛同学,他说话幽默风趣,自带热点,每次发言都会引来笑声阵阵。但他的纪律意识不强,不喜欢受班干部管束,开玩笑的时候常常会暴露一些同学的隐私或痛点。慢慢地,牛同学说话的时候开始遭到一部分同学的抵制和反感。但牛同学依然自我感觉良好,不认为自己的言行存在问题。

如果你是牛同学，会如何进行全面的自我评价？

_____

_____

结合本节所学的内容和你的思考，写一写、练一练，并将相关信息填入表 2-3 中。

表 2-3　不同思维的做法

我是一个怎样的人	如果使用固定型思维，我会怎么办？	如果使用成长型思维，我会怎么办？	拥有成长型思维，我会发生什么样的改变？
从"让你自豪"的角度写			
从"让你烦恼"的角度写			

学习完本节内容，你印象最深刻的是什么？联系实际生活，你有什么启发？写下来吧。它将让你看见自己的感受与成长，看见自己的反思与力量。

_____

_____

_____

_____

第二节 我是一个有气质的人

—— 了解气质，扬长补短

> 气质虽然难以捉摸，但在现实生活中却如同人的身高体重，每个人对气质都在有意无意地衡量着、比较着、评判着、塑造着。
>
> ——弗洛伊德

气质与生俱来，如同风云变幻莫测。但每个人都有其固定的、与众不同的气质：或稳重沉着，和蔼可亲；或说话尖刻，让人无法接近；或开朗活泼，富有感染力，跟谁都容易亲近；或落落寡合，使人感到郁闷，跟谁都难以相处。气质可以从一个人的动作、表情、语调和待人接物的态度中推测出来。

一、气质的心理学概念

气质是指人们进行心理活动时或在行为方式上表现出来的强度、速度、稳定性和灵活性等动态性的心理特征。它既表现在情绪产生的快慢、情绪体验的强弱、情绪状态的稳定性及气质变化的幅度上，也表现在行为动作、言语的速度和灵活性上。

♥ 心灵练习

如果你看戏迟到了，你最有可能是下列哪种表现呢？

1. 你面红耳赤地与检票员争吵起来，并企图推开检票员，径直跑到自己的座位上去。

2. 你明白检票员不会放你进去，不与检票员发生争吵，而是开始夸赞检票员，并寻求各种进入的机会。

3. 检票员不让你进去，你便想反正第一场戏不太精彩，还是暂且到茶座待一会儿，待幕间休息再进去。

4. 你对此情景感叹自己老是不走运，偶尔来一次戏院就这样倒霉，接着就垂头丧气地回家了。

二、气质与性格的关系

如果把人们身上不变的固定倾向称之为气质，那么以气质为基础，我们把从幼儿期以来所形成的个性叫作性格。所谓气质，是本人无法左右的，从父母那里遗传下来的、先天就具备的本能的部分。所谓性格，就是在成长过程中，在所处环境中接受各种事物的影响、后天培养而形成的理性的部分。

气质和性格并不对立，性格以气质为基础并因气质的特征形成各种各样的性格。气质无好坏之分，但性格却有优劣之差。

❤ 心灵思考

1. 完成本节的气质类型测试，你对自己的气质类型是否满意？

2. 为了发展更好的自我，在学习、生活和人际交往中，我们应如何发挥气质的优势面，扬长补短？

三、气质的类型及其特征

气质的类型有很多种，其中被人熟知且流传最广的气质分类来源于古希腊希波克拉底对气质的分类。他认为人的身体内部有血液和黏液以及黄色和黑色的胆汁，这是人体中的自然物质，人体通过这些物质而产生病痛或得到健康。人体健康的时候也就是这些体液相互混合的比例最恰当、性能发挥得最充分的时候。希波克拉底据此提出人的气质有四类：胆汁质、多血质、黏液质、抑郁质。

巴浦洛夫根据神经科学理论证实了希波克拉底的气质分类，其特征如表 2-4 所示。

表 2-4　气质分类及特征表

气　质	特　　征
胆汁质	强而不平衡的兴奋型(不可抑制型)：反应快、准确性差、对新事物敏感、好动、不易控制自己、有较强的工作能力
多血质	强、平衡而灵活的活泼型：反应快、准确、活泼好动、思维敏捷、接受能力强、富于创造性，具有强而稳定的工作能力
黏液质	强、平衡而不灵活的安静型(情性型)：反应较慢、准确、沉着谨慎、踏实肯钻研，但灵活性差
抑郁质	弱型(抑制型)：反应慢、注意力分散、粗心、工作能力较低

❤ 心灵聚焦

四种气质类型的代表人物举例。

胆汁质：李逵

多血质：王熙凤

黏液质：沙僧

抑郁质：林黛玉

❤ 心灵体验

完成气质类型测试后，学生可以以小组的形式在班级中访谈不同气质类型（包括混合型）的同学，详细记录访谈的过程，并根据访谈结果完成表2-5（表格可以根据实际重新绘制）。通过分析，你能得出什么结论？

表 2-5　访谈记录表

气质类型	优　势	不　足	适合的职业

我的结论：

_____

_____

_____

心灵练习

气质类型测试

下面的 60 道题可以帮助你大致确定自己的气质类型,请根据自己的情况在"很符合、比较符合、介于符合与不符合之间、比较不符合、完全不符合"五个答案中选择一个适合自己的。很符合的分值为 2 分,比较符合的分值为 1 分,介于符合与不符合之间的分值为 0 分,比较不符合的分值为 –1 分,完全不符合的分值为 –2 分。

1. 做事力求稳妥,一般不做无把握的事。

2. 遇到可气的事就怒不可遏,想把心里话全说出来才痛快。

3. 宁可一个人做事,也不愿与很多人在一起。

4. 到一个新环境很快就能适应。

5. 厌恶那些强烈的刺激,如尖叫、噪音、危险镜头。

6. 和人争吵时总是先发制人,喜欢挑衅。

7. 喜欢安静的环境。

8. 善于和人交往。

9. 羡慕那种善于克制自己感情的人。

10. 生活有规律,很少违反作息制度。

11. 在多数情况下情绪是乐观的。

12. 碰到陌生人会觉得很拘束。

13. 遇到令人气愤的事,能很好地克制自我。

14. 做事总是有旺盛的精力。

15. 遇到问题总是举棋不定,优柔寡断。

16. 在人群中从不觉得过分拘束。

17. 情绪高昂时,觉得干什么都有趣;情绪低落时,又觉得什么都没意思。

18. 当注意力集中于一事物时,别的事很难使我分心。

19. 理解问题总比别人快。

20. 碰到危险的情境,常有一种极度恐怖感。

21. 对学习、工作、事业怀有很高的热情。

22. 能够长时间做枯燥、单调的工作。

23. 符合兴趣的事情，干起来劲头十足，否则就不想干。

24. 一点小事就能引起情绪的波动。

25. 讨厌做那种需要耐心的、细致的工作。

26. 与人交往不卑不亢。

27. 喜欢参加热烈的活动。

28. 爱看感情细腻、描写人物内心活动的文学作品。

29. 工作学习时间长了，常感到厌倦。

30. 不喜欢长时间谈论一个问题，愿意实际动手干。

31. 宁愿侃侃而谈，不愿窃窃私语。

32. 别人总是说我闷闷不乐。

33. 理解问题常比别人慢一些。

34. 疲倦时只要经过短暂的休息就能精神抖擞，重新投入工作。

35. 心里有话宁愿自己想，不愿说出来。

36. 认准一个目标就希望尽快实现，不达目的，誓不罢休。

37. 学习、工作一段时间后，常比别人更疲倦。

38. 做事有些莽撞，常常不考虑后果。

39. 老师讲授新知识时，总希望他讲得慢些，多重复几遍。

40. 能够很快地忘记那些不愉快的事情。

41. 做作业或完成一件工作总比别人花的时间多。

42. 喜欢运动量大的剧烈体育运动或参加各种文艺活动。

43. 不能很快地把注意力从一件事转移到另一件事上。

44. 接受一个任务后，就希望能把它迅速解决。

45. 认为墨守成规比冒风险强些。

46. 能够同时注意几件事物。

47. 当我烦闷的时候，别人很难使我高兴起来。

48. 爱看情节起伏跌宕、激动人心的小说。

49. 对工作抱有认真严谨、始终一贯的态度。

50. 和周围人的关系总相处不好。

51. 喜欢复习学过的知识，重复做能熟练做的工作。

52. 希望做变化大、花样多的工作。

53. 小时候背过的诗歌，我似乎比别人记得更清楚。

54. 别人说我出语伤人，可我并不觉得这样。

55. 在体育活动中，常因反应慢而落后。

56. 反应敏捷、头脑机智。

57. 喜欢有条理而不甚麻烦的工作。

58. 兴奋的事情常使我失眠。

59. 老师讲新的概念时，常常听不懂，但是弄懂了以后很难忘记。

60. 假如工作枯燥无味，马上就会情绪低落。

表2-6 计分标准

胆汁质	2	6	9	14	17	21	27	31	36	38	42	48	50	54	58	总分
多血质	4	8	11	16	19	23	25	29	34	40	44	46	52	56	60	总分
黏液质	1	7	10	13	18	22	26	30	33	39	43	45	49	55	57	总分
抑郁质	3	5	12	15	20	24	28	32	35	37	41	47	51	53	59	总分

确定气质类型的标准

1. 如果某类气质的得分明显高出其他三种，且均高出4分以上，则可定为该类气质；如果该类气质得分超过20分，则为典型；如果该类得分在10～20分，则为一般型。

2. 如果两种气质类型的得分接近，其分值差异低于3分，而且又明显高于其他两种，高出4分以上，则可定为这两种气质的混合型。

3. 三种气质的得分均高于第四种，而且分值接近，则为三种气质的混合型，如多血—胆汁—黏液质混合型或黏液—多血—抑郁质混合型。

同学们，气质类型没有好坏之分，但我们可以扬长避短，发挥自己的气质优势，弥补短板。认识和利用好气质类型不仅可以帮助我们更好地选择职业和适应职业要求，还能让我们的气质类型为人格魅力加分！

结合本课所学的内容和你的思考，写一写、练一练，并将方案填入表2-7中。

表 2-7　不同思维的做法

我的气质类型	如果使用固定型思维，我会怎么办？	如果使用成长型思维，我会怎么办？	拥有成长型思维，我会发生什么改变？
优势方面			
劣势方面			

学习完本节内容，你印象最深刻的是什么？联系实际生活，你有什么启发？写下来吧。它将让你看见自己的感受与成长，看见自己的反思与力量。

_____

_____

_____

_____

第三节　我是一个有梦想的人

——完善自我，实现自我

> 世界上最快乐的事，莫过于为理想而奋斗。
>
> ——苏格拉底

在西方，有一句家喻户晓的名言——"每个人都是自己的命运建筑师。"这句话的含义是：要成为什么样的人，拥有怎样的人生，是取决于我们自己的。任何一位中职生都应该牢记这句话，并学会为自己的人生添砖加瓦。

梦想，是对未来的一种期望，它是指在现实中计划未来的事或是指未来可以达到但必须通过努力才可以实现的状态。梦想就是一种让你感到坚持就是幸福的东西，甚至可以视其为一种信仰。

美国总统威尔逊曾这样形容梦想："我们因梦想而伟大，所有的成功者都是大梦想家。在冬夜的火堆旁，在阴天的雨雾中，梦想着未来。有些人让梦想悄然绝灭，有些人则悉心培育和维护，直到它安然度过困境，迎来光明和希望，而光明和希望总是降临在那些真心相信梦想一定会成真的人的身上。"美国著名主诗人奥普拉这样形容梦想："一个人可以非常清贫、困顿、低微，但是不可以没有梦想。只要梦想存在一天，就可以改变自己的处境。"

梦想是我们熟知的一个词，虽然每个人对梦想的定义和看法不同，但大家都一致认为梦想是指引一个人向前走的方向和动力。

❤ 心灵聚焦

秋秋是高预 2018 届学前教育专业的学生，她的入学成绩处于中等水平。中考成绩一般的她怀揣着对大学的梦想，渴望通过三年的拼搏，考入理想的大学。然而真正入学后她才发现，她的大学梦困难重重，因为各大学对她所在的专业的录取要求很高，且录取比率也不高。再环顾身边的同学们，大多数同学的手中握着一大沓艺术特长类证书，而秋秋却在进入中职学校之前根本没有摸过钢琴，也没有进入过舞蹈房。

秋秋还需要继续坚持自己的梦想吗？

❤ **心灵聚焦**

梦 想 的 声 音

有一个叫布罗迪的英国教师在整理阁楼上的旧物时，发现了一沓作文本，作文本上是孩子们在 50 年前写的作文，题目叫《未来我是……》。

布罗迪随手翻了几本作文本，很快便被孩子们千奇百怪的"自我设计"迷住了。比如，有个叫彼得的小家伙说自己是未来的海军大臣，因为有一次他在海里游泳，喝了三升海水却没被淹死；还有一个孩子说，自己将来必定是法国总统，因为他能背出 25 个法国城市的名字；最让人称奇的是一个叫戴维的盲童，他认为，将来他肯定是英国内阁大臣，因为英国至今还没有一个盲人进入内阁。总之，31 位孩子都在作文中描绘了自己的未来。

布罗迪读着这些作文，突然有一种冲动：何不把这些作文本重新发到他们手中，让他们看看现在的自己是否实现了 50 年前的梦想。

当地一家报纸得知布罗迪的这个想法后，为他刊登了一则启事。没几天，书信便向布罗迪飞来。其中有商人、学者及政府官员，更多的是没有身份的人……他们都很想知道自己儿时的梦想，并希望得到作文本，布罗迪按地址一一寄去了。

一年后，布罗迪手里只剩下戴维的作文本没人索要，他想这人也许不在世上了，毕竟已经过去 50 年了，50 年间什么事都有可能发生。

就在布罗迪准备把这本子送给一家私人收藏馆时，他收到了英国内阁大臣布伦克特的一封信。信中说："那个叫戴维的人就是我，感谢您还为我保存着儿时的梦想。不过我已不需要那本子了，因为从那时起，那个梦想就一直在我脑子里，从未消失过。五十年过去了，我已经实现了那个梦想。今天，我想通过这封信告诉其他 30 位同学：'年轻时，只要不让美丽的梦想随岁月飘逝，它总有一天会出现在你眼前。'"

一、梦想的基本要素

1. 指向性

梦想描述的是未来可能发生的事件，它指引着梦想者向特定的方向前进。

2. 依赖个人经验

梦想必须建立在自身经验的基础上，否则只能叫不切实际的幻想。

3. 与现实有差距

梦想必须高于现实。梦想是未来可能达到的一种状态，若和现实无差，则毫无意义。

4. 一种驱力

梦想就好像一台发动机，可以给人提供源源不断的动力。

5. 有成就感

实现梦想可以给人带来莫大的欢喜，即使在大脑中想象，也可以提供成就感。

❤ 心灵体验

心 灵 幻 游

指导语：我们轻轻地吸气，慢慢地吐气，把自己的身体调整到舒服的状态，让你的脊柱、腰椎、颈椎都处在一条直线上，双手自然地放在大腿上。然后我们把注意力集中到呼吸上，感受你的呼吸，试着去感觉你的心跳，感受你的内心，然后再把注意力集中到你的呼吸上，轻轻地吸气，慢慢地吐气。

现在你保持闭眼，让我们一起坐在时光隧道机上，来到10年后的世界。请算一算，此时的你是多少岁？容貌有变化吗？请你尽量想象具体的情形，越仔细越好。

想象此刻的你正躺在卧室的床上，这时候是清晨，和往常一样，你从睡梦中醒来，先看到的是卧室的天花板，它是什么颜色？

接着，你准备下床，尝试去感觉你的脚指头接触地面那一刹那的温度，是凉凉的还是暖暖的？经过一番梳洗，你来到衣柜前，准备换衣服。今天你要穿什么样的衣服？穿好衣服后，你照一照镜子。随后你来到了餐厅，早餐吃的是什么？一起用餐的有谁？你跟他们说了什么话？

接下来，你关上家里的大门，准备前往工作的地点，你回头看一下你的家，它是一栋什么样的房子？然后，你将搭乘什么样的交通工具去上班？

你快到达工作地点了，首先注意一下，这个地方看起来如何？当你进入办公室时，你跟同事打了招呼，他们怎么称呼你？你还注意到哪些人出现在这里？他们正在做什么？

你在你的办公桌前坐下，安排一下今天的行程，然后开始上午的工作。早上的工作内容是什么？跟哪些人一起工作？工作时用到哪些东西？

上午的工作结束了，你的午餐如何解决？吃的是什么？跟谁一起吃？午餐还愉快吗？

接下来是下午的工作，跟上午的工作相比，下午的工作内容有什么不同吗？你在忙些什么？

快到下班时间了，或者你没有固定的下班时间，但你即将结束一天的工作。下班后你直接回家吗？或者要先办点什么事？还是要参加一些其他活动？

你到家了，家里有哪些人呢？回家后你都做些什么事？晚餐时间到了，你会在哪里用餐？跟谁一起用餐？吃的是什么？晚餐后，你做了些什么事？跟谁在一起？

睡觉前，你正在计划明天参加一个典礼的事，那是一个颁奖典礼，你将接受一项颁奖，想想看，那会是一个什么样的奖项？谁给你颁奖？如果你将发表获奖感言，你打算说些什么？

是该休息的时候了，躺在早上起床的这张床上，你回忆一下今天的工作与生活，今天过得愉快吗？是不是要许个愿？许什么样的愿望？

渐渐地，你满足地进入梦乡，睡吧！一分钟后，我会叫醒你……（一分钟后）我们渐渐地回到这里，还记得吗？你现在的位置不是在床上，而是坐在教室的椅子上。当我数到10，你就会醒过来，1、2、3，你慢慢地醒过来，动一动手；4、5、6，摇一摇头；7、8、9、10，你睁开眼睛，安静地坐着。

在刚才的冥想过程中，你看见了什么，有什么感受呢？无论是看见具体的场景，还是只是一片空白，都是正常的。

请你和小组里的同伴们探讨以下几个问题：

你在幻游中看到了什么样的场景？遇到了什么有趣的人或事？当你看到这样的场景时，你内心有什么样的感受？如果什么都没有看见，你的想法是什么？

_____

_____

想要实现梦想，首先要让自己的梦想看得见，每当想起自己未来的这一天，你一定会充满力量和快乐。所以，让我们的心灵先到达这一天，让我们每天都努力朝着自己的梦想进发，努力实现自己的梦想。

二、实现梦想的方法

1. 明确的目标

建立一个明确的目标是实现梦想的基础，一个懂得为自己制定目标的中职生，并不亚于普通高中的学生，甚至大学生。

2. 不断地学习

社会发展至今，各种信息和知识铺天盖地，只有不断提升自己的认知，与时代同步，做到与时俱进，才能为梦想的实现保驾护航。

3. 制定计划

实现梦想的过程中，可以制定一个大的计划，然后将其分解为中计划，再将计划细化，落实到每一天的小计划。这样不断完成一个个小计划，离梦想的实现就越来越近了。

4. 坚持不懈

如果三天打鱼，两天晒网，再完美的计划也不可能实现，再远大的目标也遥遥无期，梦想就只能变成空想，令人悲叹万千。

❤ 心灵聚焦

虽然秋秋的舞蹈基础几乎为零，但是秋秋是同学们眼中的拼命三郎，每一次上舞蹈课，她都严格按照动作标准来要求自己，并且认真地练习到位。如果做得不到位，她就逼迫自己不断地练习，其他同学坐在地上休息，只有秋秋依然在拼命练习。秋秋的数学成绩一般，每次数学成绩出来，她既不受挫，也不气馁，只是默默地整理错题，努力掌握每一个落下的知识点，如果还是不懂，她就继续追着老师问，直到完全掌握知识后才罢休。秋秋觉得，别人勤奋或懒惰，那都是属于别人的，她要做的，就是不断克服一个又一个困难。三年后，秋秋从一名中等生逆袭成为了学校第一个成功考上学前教育专业的本科生。

思考：面对追求梦想中的困难和挫折，秋秋是如何看待的？

❤ 心灵思考

1. 假如今天是你人生中的最后一天，请写下你最想做的三件事。

2. 假设你今天有特殊情况，必须在三件事中抹掉一件，你现在的心情如何？你会抹掉哪一件事？

3. 假如现在又有特殊情况发生，你必须再抹掉一件事，你的心情又如何？你又会做出怎样的决定？

4. 小组分享：你最后留下的一件事是什么？为什么会做出这样的选择？

❤ 心灵聚焦

系列短剧《理想照耀中国》中《磊磊的勋章》里的主角刘磊磊，是由中国男子柔道队运动员、中国女子柔道队陪练刘磊磊本色出演的。他在剧中讲述自己"不想当冠军的运动员不是好陪练"的故事。

作为一名柔道运动员，刘磊磊一直有一个冠军梦。2001年，十六岁的刘磊磊第一次走进国家队训练馆。看着面前又高又壮的女运动员们，他有些茫然。一名女运动员走近前来，一个"外卷"动作，一下把他掀翻在地上。当他第二次走进训练馆，他选择了一个身材看上去没那么高大的女队员。结果，这个比刘磊磊矮一头的女队员，也轻松摔翻了他。

隔了很久，刘磊磊才知道，他被选入国家队，是做陪练的。他不但要配合选手们训练，每天被摔上几百次，还要帮队员们做按摩放松，甚至要照顾队员们的日常生活。他感觉自己离冠军梦越来越远了。

2004年雅典奥运会前夕，刘磊磊陪队员刘霞进行实战训练。刘霞在背摔刘磊磊时突然身体一软，此时如果刘磊磊垂直落下，那么必定会砸伤刘霞。于是，刘磊磊选择了用一只胳膊支撑自己全身的重量，以保护刘霞，结果造成自己的肩部严重受伤。医生建议他至少休息三天，但为了备战奥运会，刘磊磊连续打了三次封闭针，一直坚持陪练到参赛队员出发。

2008年奥运会，刘磊磊第一次走进奥运会比赛场的休息室去近距离地观看比赛。当选手杨秀丽获胜夺冠时，刘磊磊像个孩子一样哭了起来，刘磊磊的母亲也在电话中说："儿子，我们为你骄傲！"这时，休息室的门被打开了，柔道队的姑娘们纷纷冲进来并拿出自己的奖牌，一个接一个地挂在刘磊磊的脖子上。这是一次特殊的颁奖礼，也是属于刘磊磊的特殊勋章。

2017年的一天，中国女子柔道队训练馆内空空荡荡的。墙上，是鲜红的国旗与奥运五环，还有"团结、拼搏、坚持、努力"八个大字。32岁的刘磊磊拎着行李，独自站在场馆内。今天是他退役离队的日子。

❤ 心灵练习

推荐书籍：《不要让任何人偷走你的梦想》，（美）德士特·耶格著，伟佳译。

推荐影片、视频：《肖申克的救赎》《理想照耀中国》。

结合本课所学内容和你的思考，写一写、练一练，并将相关信息填入表 2-8 中。

表 2-8　不同思维的做法

实现我的梦想过程中的阻碍	如果使用固定型思维，我会怎么办？	如果使用成长型思维，我会怎么办？	拥有成长型思维，我会发生什么改变？

学习完本节内容，你印象最深刻的是什么？联系实际生活，你有什么启发？写下来吧。它将让你看见自己的感受与成长，看见自己的反思与力量。

_____

_____

_____

_____

第四节　我是一个自信的人

—— 相信自我，接纳自我

> 所谓才能，是相信自己，相信自己的力量。
>
> —— 高尔基

　　自信对于每个人都非常重要，因为从某种意义上说，它是一切的基础。一个人如果始终自信地面对人生，那么即使是再平凡的人，也能做出惊人的事业；相反，对自己、对人生始终缺乏自信的人即使拥有出众的才干和天赋，也很难成就大事。坚定的自信是成功人生最大的源泉。

❤ 心灵聚焦

　　在专业理论课上，面对老师的讲解大白同学听得云里雾里，一知半解，可是当老师问大家是否掌握的时候，大白却不敢说自己没听懂。课后，大白也不敢去询问老师和同学，因为身边的同学看起来都听懂了，而自己不懂会显得很"傻"！大白还发现班里很多同学都能说会道，幽默风趣，兴趣广泛，而自己却好像一无所长，也没有什么特别好的朋友。于是，大白变得越来越不自信。

　　思考：你能共情到大白的不自信吗？在中职课堂中，我们如何从自卑走向自信呢？

❤ 心灵聚焦

神奇的蝴蝶结

　　有一位女孩认为自己长得不漂亮，也不讨别人喜欢，所以她总爱低着头。一天，这位女孩在商店里看到一只美丽的蝴蝶结，当她把蝴蝶结戴在自己的头发上时，旁边的顾客都说非常漂亮。于是，这位女孩非常高兴地掏钱买下了蝴蝶结。

也许是因为得到了商店顾客的鼓励，女孩觉得自己一下子精神了许多，脸上充满了自信。走在校园里，女孩感到同学们开始关注自己了，一些平日不太跟她打招呼的同学纷纷来和她打招呼，甚至有一些同学还主动邀请她一起参加活动。这位女孩顿时感觉自己似乎变了个人，一下子变得开朗、乐观了。然而，等到放学回家后，她才发现自己头上根本没有戴蝴蝶结。原来，她在付钱后把蝴蝶结留在了商店里。

神奇的蝴蝶结"神奇"在哪里？你认为真正让女孩发生变化的是什么呢？

_____

_____

点拨：女孩的容貌并没有改变，但当她戴上发夹的那一刻她的内心是充满喜悦和快乐的，当她带着这种感觉走入世界，世界也会用同样的方式拥抱她，她更容易感受到温柔和友善。真正让女孩发生变化的是女孩的自信心态。

一、自信心及其形成

自信心又名自我效能感，最早是由美国心理学家班杜拉于 1977 年提出的。简单来说，自信心是人们对个人能力的自我评估，是人们相信自己能够克服困难，并达成任务目标要求的信念和信心的程度。自信心的形成主要来自以下四个方面：

（一）已拥有的成熟经验

已拥有的成熟经验是指从个人亲身经历的行为后果或从个人亲身经历的成功与失败的教训中学习到的经验。成功的体验能够强化个体对于能力的自我信念，但如果个体只经历简单的成功，那么他会期待快速的结果，这样很容易因失败而气馁。因此人们必须有通过坚持不懈的努力克服障碍的经验，当人们通过不断的成功确信自己的能力后，他们就可以不受挫折和失败的影响，妥善管理自己的挫折感和失败感。已拥有的成熟经验是自信心最重要、最有效的来源。

（二）替代性经验

替代性经验是指通过观察他人而获得的经验。通过观察，人们可以获得面对不同情境的、有效的管理策略，同时人们也能够获得一个社会比较的过程，即通过与他人比较来评估自我的能力。人们观察到相似的其他个体的成功可以增强自我的自信心，而观察到相似的其他个体经过不断努力却依然失败则会损害自我的自信心。

（三）言语说服

言语说服是指通过鼓励、评价和反馈来表达对个体能力的信心，提升个体认为他们有能力实现他们所追求的目标的信念。与被质疑相比，得到真实的鼓励能够让个体愿意付出更多的努力去实现成功。

（四）生理和情感状态

指由生理和情感状态转移的紧张和压力也会对自我效能感的评估产生影响。提升身体状态、减小压力水平等方式都可以在一定程度上提升自信心。

二、提高自信心的方法

（一）体验成功

马克思曾说："哲学家不是天生就是哲学家，农夫也不是天生就是农夫，两者的区别仅在于所经历的不同。"

如何体验成功的感觉呢？

(1) 尝试回忆那些让自己成功、自信的时刻，自己是如何做到的，增加自信的体验；

(2) 多为自己创造成功的机会，不轻言放弃，慢慢积累成功的体验。

♥ 心灵体验

脑力大闯关

请同学们拿出一张 A4 大小的白纸，仔细观察这张纸，我们一起来完成一个"不可能的任务"：穿越一张 A4 纸。规则是利用剪刀和 A4 纸剪出环状样式，这个环必须是完整无缺损的，纸张不能拆分、粘接、打结或者订起来，裁剪后仍要保持为一个整体，要求能够整个人穿越过去，并且穿越后，A4 纸能够还原。希望同学们敢于尝试，我们也能打破"不可能"！（参考方法在本节最后，但请自己先尝试）

你闯关成功了吗？有什么样的感受？

_____

_____

（二）向他人学习

提升自信心的另一个渠道是从观察他人中获得学习与成长的经验。通过各种方式观察他人面对困难时是如何应对并获得成功的，这也是成长型思维的体现，把困难和挫折当成是自己学习和进步的好机会。

图 2-2　我还可以进步

（三）学会积极自我暗示的方法

要学会通过积极的自我暗示语言和自我感觉良好的身体姿势进行自我鼓励、自我肯定和自我暗示。比如走路的时候伸直背部，抬起头，轻快地走，并告诉自己："我感觉很好，我一定可以。"你会发现你的内心也会发生微妙的变化。你还可以自己创造一些让你自我感觉良好的肢体语言，比如单手叉腰，另一只手高举向天空，或者两手向两侧侧平举，双脚大大打开，让身体呈现大字型。研究表明，自信的肢体语言会降低人的压力水平。

图 2-3　我很自信

（四）记录美好事件

学习感受生活中的小确幸、小美好，记录每天有成就感的事，并经常与朋友分享，也可以记录你为了实现自己的目标所做的努力。当你有理由为自己感到自豪时，由内而外散发的自信感就会出现。

图 2-4 生活很美好

（五）学会接受称赞

人一旦开始自我否定，就很难接受他人的赞美，这种赞美可能是真诚的，也可能只是恭维。最好的回应是真诚的微笑和感激，你应当相信你的一些品质和特征真的很有吸引力。

图 2-5 接受赞美

（六）提供你的帮助

向身边人提供真诚的帮助，让人们觉得你是可信赖和依靠的，这将帮助你摆脱不安全感和孤独感，增加自我价值感。

图 2-6 帮助别人

（七）不沉迷社交网络

社交网络在扩大我们朋友圈的同时，也容易让我们过度沉迷其中，从而产生逃避和忽略现实等负面影响。放下手机，和朋友们面对面的聊天，你会感到真实而放松。

图 2-7 放下手机，与朋友交谈

❤ 心灵聚焦

　　黄美廉，1964 年出生于中国台湾台南市一个长老会牧师家庭。在黄美廉出生时，由于医生的疏失，她的脑部神经受到了严重的伤害，以致她的颜面肌肉与四肢肌肉都失去了正常功能。这种病的症状十分惊人，因为肢体失去平衡感，她的手足会时常乱动，口里也会经常念叨着模糊不清的词语，模样十分怪异。医生根据黄美廉的情况，判定她活不过 6 岁，在常人看来，她已失去了语言表达能力与正常的生活能力，更别谈什么前途与幸福了，但她却坚强地活了下来，而且靠着顽强的意志和毅力，考上了美国著名的加州大学，并获得了艺术博士学位。黄美廉靠手中的画笔，还有很好的听力，抒发着自己的情感。1993 年她被评为中国台湾地区十大杰出青年，2010 年获得全球热爱生命奖。

　　在一次讲演会上，一位学生贸然地提问："黄博士，你从小就长成这个样子，请问你怎么看你自己，你有过怨恨吗？"在场的人都暗暗责怪这个学生的不敬，但黄美廉却没有不高兴，她十分坦然地在黑板上写下这么几行字："1. 我好可爱，2. 我的腿很长很美，3. 爸爸妈妈那么爱我，4. 我会画画，我会写稿，5. 我有一只可爱的猫……"最后，她以一句话作结论："我只看我所有的，不看我所没有的！"

❤ 心灵练习

我有，我可以

　　当你选择看见生命中拥有的部分，你其实已经很富有了。请你用善于发现的眼睛，发掘你身上拥有的东西，并且与身边的同学彼此分享，相互激励，共同进步。

　　我有＿＿＿＿＿＿＿＿＿＿，我会＿＿＿＿＿＿＿＿＿＿，所以我自信；

　　我有＿＿＿＿＿＿＿＿＿＿，我会＿＿＿＿＿＿＿＿＿＿，所以我自信；

　　我有＿＿＿＿＿＿＿＿＿＿，我会＿＿＿＿＿＿＿＿＿＿，所以我自信。

附脑力大闯关参考方法：将图 2-8 沿黑色实线部分剪开。

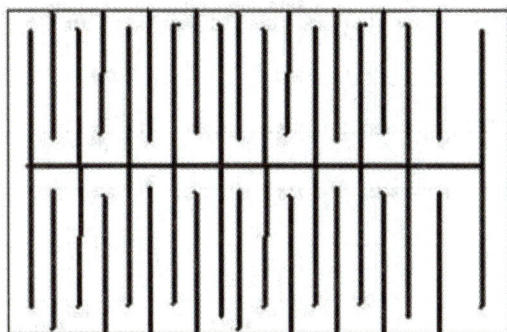

图 2-8　脑力闯关图

结合本课所学内容和你的思考，写一写、练一练并将相关信息填入表 2-9 中。

表 2-9　不同思维的做法

我自信(或不自信)的地方	如果使用固定型思维，我会怎么办？	如果使用成长型思维，我会怎么办？	拥有成长型思维，我会发生什么改变？
生活中自信的地方			
学习中自信的地方			
生活中不自信的地方			
学习中不自信的地方			

自卑不可怕，可怕的是我们内心害怕和拒绝自卑。如果用成长型思维来认识自卑，你怎么看呢？

_____

_____

_____

_____

第三章 良好人际，你我同行

本 章 概 述

　　人际交往是人与人之间传递信息、沟通思想和交流情感的联系过程。美国心理学家卡耐基认为，一个人的成功30%靠才能，70%靠人际关系。良好的人际关系能消除你的孤独感，缓解心理压力，振奋精神，培养自尊心和自信心，提高社会价值感，增强社会适应能力，实现人的个性的全面健康发展。本章从中职生接触最多的亲子、师生、同伴三个方面展开，帮助中职生学会处理人际关系。

第一节　我会搭起亲子沟通心桥

——与爱同行，学会感恩

> 谁言寸草心，报得三春晖。
>
> —— 孟郊

一、亲子关系的含义

家庭是由婚姻关系、血缘关系或收养关系结合而成的亲属生活组织。家为我们提供了物质环境和精神的关爱，家庭是我们成长的摇篮，是我们温馨的港湾，是我们每个人最熟悉的地方，家有我们亲爱的家人。亲子关系是家庭中的父母与子女的关系。

同学们，你们是否了解《天亮了》这首歌背后的故事？

♥ 心灵聚焦

这一天原本是蓝天白云，阳光灿烂的一天。一对年轻的夫妇带着他们的孩子坐缆车前往山顶。谁知，半途中缆车出现了故障，所有人都被悬在了高空中，人们高声呼喊着："救命啊，救命啊！"尽管如此，也抵挡不住厄运的来临。突然，缆车径直落下，伴随着人们的恐慌和尖叫，缆车跌入了一个深不见底的山谷。就在生命的最后时刻，年轻的夫妇什么都没想，他们只有一个念头："孩子不能死。"他们用尽全身的力气，用双手托起了孩子。

"砰"的一声，响声震彻整个山谷。缆车变成了一堆废铁。事故发生后，现场的游客们迅速自发组织起救助。当大家赶到锈迹斑斑、摔得变形的缆车旁，眼前的一切惨不忍睹：车厢已经变形得不成样子，厢底还积聚着大量已经变得乌黑的血，周围清新的空气里弥漫着一种难闻的血腥味。缆车里面的人手脚缠绕，互相重叠，血肉模糊。赶去救援的游客大声地鼓励着："坚持住，医生马上就到！"

时间一分一秒地过去，大家终于等到了武警战士和医护人员的到来。因为峡谷底的道路崎岖狭窄，所以救援队分成了每10人一组。为了争取救援时间，救援人员用双手和肩膀托起伤员，不顾一切地向着山顶的医院冲去。这天夜里，下起了大雨，风也比以往显得更加的寒冷。

在这一场惨痛的事故中，14个鲜活的生命永远离开了，受伤最轻的就是那个孩子，年仅两岁半的孩子只是嘴唇受了点伤，而他的父母却永远合上了双眼，永远地离开了他们深爱的孩子，他们用双手和爱托起了儿子重生的起点。孩子"哇哇"地哭喊着，年幼的他不知道发生了什么，他只有朦胧的记忆，在那美丽风景相伴的地方，那可怕的巨响，那黑暗的山谷，让他再也见不到他的爸爸妈妈了。幼小的他，只想着，太阳快出来吧，天亮了，我要找我的爸爸、妈妈。在生与死的瞬间，父母用双手把生的希望留给了孩子，这就是人世间最伟大的父爱、母爱。

这个生命的故事深深地打动了歌手韩红，她曾动情地说："我就觉得在缆车下滑即将坠地的那一瞬间，孩子的爸爸妈妈把他举起来，这是一个用伟大两个字都无法去恰当体现的壮举，这个壮举也许是出于父亲、母亲的一种本能，也许是出于他们对孩子的一种爱，也许，更多……"韩红以此事件并以小孩的口吻，创作了一首催人泪下的歌曲——《天亮了》。

看完这个故事，请你结合自身经历谈一谈父母给了我们什么。

① 父母对子女的爱是世界上最无私、最伟大的爱。

② _____

③ _____

④ _____

二、亲子关系现状

尽管我们明白"谁言寸草心，报得三春晖"，然而在现实生活中，我们发现正值青春期的我们跟父母的关系却呈现出一些新的变化，比如：

(1) 情感上的疏离。我们开始减少对父母的依赖，与父母的情感交流不如以前那么亲密了。

(2) 行为上的脱离。我们要求独立的愿望十分强烈，所以，在行为上反对父母对我们进行过多的干涉和控制。

(3) 观点上的差异。青春期的孩子对于任何事物都喜欢用自己的标准去判断和评价，不愿意接受强加的观念和规范，他们对于许多昔日一贯信奉的观点都要进行审视，而审视的结果常常与父母的意见不一致。

(4) 父母的榜样作用削弱。我们会逐渐地发现存在于父母身上的先前未曾觉察的一些缺点。

进入青春期后，中职生也因此产生了一些烦恼。他们的自我意识增强，开始独立行事，渴望父母像对待大人那样对待他们，甚至挑战父母的权威。在父母的眼里，他们总是长不大的孩子，他们与父母之间产生了重重矛盾……

中职生正处于一个崇尚个性与独立的时期，他们追求自由，不愿意被束缚，但在内心深处又极度渴望得到父母的关心和疼爱。正是这样一种矛盾的状态，为我们新的探索提供了思路。我们应该如何处理亲子关系？如何架起亲子沟通的心桥？

❤ 心灵聚焦

产生矛盾时，我们总是认为父母不理解我们，甚至觉得他们不关心我们。那么我们对他们又有多少关心呢？

爱的天平

拿出一张白纸，在左边的部分写上父母为我做过的事，在右边的部分写上我为父母做过的事。三分钟后，请同学们看看手上的白纸，天平的哪一边比较重呢？

图 3-1　爱的天平

父母那边的天平显然更重，也就是说，父母为我们付出的更多。如今我们已经长大，是不是也该为父母做些什么呢？我们对于自己的父母有多少关心，有多少了解呢？

你对父母了解多少？请写出父母（或者其中一位）的以下信息。

出生日期：_____

最好的朋友：_____

最爱吃的东西：_____

最爱看的电视节目：_____

最喜欢的休闲活动：_____

最擅长的事：_____

需要承担的家务：_____

最大的希望：_____

对家庭的贡献：_____

最重的负担：_____

三、良好亲子关系的重要意义

无论是对父母，还是对子女来说，亲子关系都具有重要的意义。对父母来说，亲子关系具有血脉相连的特殊意义——子女是父母生理和心理的延伸，是父母对人类社会价值的延伸。父母在日常对子女的照顾和关爱中，不断表达和感受着人性和亲情，使生命得到升华。对子女的依赖和需求的满足，也使父母感到个人和人类生命的价值。

对子女来说，亲子关系是儿童最早建立也是最亲密的人际关系。亲子关系的好坏不仅影响着儿童身心的发展，也影响儿童以后建立各层次的人际关系的能力。父母为子女提供的最早、最基本、最具有奠基性意义的教育、指导和训练，是孩子进一步成长的基础。父母根据社会文化的要求和准则对子女的行为进行约束，对文化传统进行传承，这是儿童早期社会化的主要渠道。父母对子女提供的一切养育资源，是子女生存的保证。

进入青春期，青少年在生理、心理和社会适应等各个方面都进入了一个迅速发展的时期。在这个时期，同龄伙伴和朋友对他们的影响比较大，他们对父母的认同感大大降低，并强烈追求自尊和独立。虽然他们与同龄朋友推心置腹的程度远远高于与父母的程度，但是在遇到复杂的重大的问题时，他们还是会选择与父母商量。他们希望把父母看成朋友和参谋，因此父母在青少年的社会化进程中仍然可以起到重要的作用，尤其是在价值观和理想方面。当然，亲子关系中也潜伏着双方可能发生的冲突。如果父母与子女的价值观、理想方面有很多相同的地方，其亲子关系就比较容易缓和，易于形成和谐的亲子关系。反之就会产生代沟，不利于形成健康的、亲密的亲子关系。

♥ 心灵思考

1. 你与父母的关系状态如何？
2. 你觉得造成这种现状的主要原因是什么？
3. 使用成长型思维来看待这种状态，你有哪些新的感悟？
4. 你认为我们可以采用怎么样的方式来改善这种状况？

四、青少年逆反心理

逆反心理是子女对父母的思想观念、管教方法、严格要求等产生反感。具体表现有：要我这样，我偏那样；你说这好，我偏说那好；让我信这，我偏信那；以强硬的态度顶撞，以粗暴的举止反抗；对父母不理不睬、冷淡相对；用极端的办法处理矛盾；等等。在现实生活中，父母在家庭教育方面也有误区，所以对于逆反心理和逆反行为要具体分析，不能一概说是错的，有的反抗不无道理。但学生的逆反心理往往会导致家庭中的矛盾和冲突，会影响学生的健康发展，甚至酿成悲剧，最终伤害自己，伤害自己最亲近的人。

五、化解亲子冲突的有效方法

化解"爱的冲突"的重要途径是——心与心的沟通。通过沟通达到互相理解，互相关心，互相信任，互相体谅的目的。亲子沟通需要有诚实和积极的态度，父母关心我们的成长，渴望了解我们的情况，我们有责任、有义务让父母及时知道我们的情况。与父母沟通的前提是彼此了解，尊重理解是最关键的。理解父母的有效方法是换位思考，沟通的结果要求同存异。

很多人觉得自己对亲子关系无能为力。然而随着年龄的增长以及社会认知水平的提升，子女也可以主动去调整，采取措施促进亲子关系的改善。父母和子女要定期或者不定期地抽出时间，利用各种方式进行沟通和交流。怎样沟通呢？可以从以下几个方面做起：

(1) **接纳**。经过认真地分析和思考，在了解对方的意见和态度后，接纳正确合理的部分，放弃自己的偏见。

(2) **融合**。年轻人可以从年长者那里学到经验，而年长者可以从年轻人那里学到新观念，两者可以取长补短，融合成更完美的方案。

(3) **折中**。对于两代人不同的思想和意见可以寻找折中的方案，双方在各自做出一些让步的基础上兼顾双方的利益。

(4) **并存**。如果自己的行为不损害对方的利益，双方意见不同，也没涉及原则性的问题，可以各持己见，互不干涉。

(5) **搁置**。对于原则性问题，即使双方看法不一，也不要针尖对麦芒，以免争得面红耳赤，伤了和气。可以暂时将问题搁置，静观发展，等日后有机会再解决。

♥ 心灵练习

1. 给自己的父母写一封信，表达内心想对父母说的话。
2. 帮父母做一件力所能及的事情。

♥ 心灵拓展

电影推荐：《银河补习班》

马皓文因一次意外事故而入狱，这也让他遗憾地错过了儿子七年的成长时光。出狱后的马皓文用自己独特的教育方法和满满的爱给予儿子马飞自由成长的空间，教会他独立思考的能力和面对困难的勇气。当马飞面临学习问题时，尽管在学校老师认为马飞没有可塑之处，但马皓文从未放弃，鼓励孩子找到心中的梦想并为之努力。马皓文和阎主任立下赌约，他打算用一个学期的时间将马飞的学习成绩提高，证明马飞不是不可救药的学生，"学渣"也是可造之才。

学习完本节的内容，请写一写你与父母相处过程中的那些事，我们一起来练习和巩固成长型思维吧。请你将相关信息填入表 3-1 中。

表 3-1　不同思维的做法

亲子关系	如果使用固定型思维，我会怎么办？	如果使用成长型思维，我会怎么办？	拥有成长型思维，我会发生什么改变？
和谐的			
不和谐的			

学完本课后，你有什么收获呢？请你思考，如果某一天你与父母发生了矛盾，你将会怎么处理？

_____

_____

_____

_____

第二节　我能搭起师生心灵彩虹

—— 化解矛盾，学会感恩

> 教师的爱是滴滴甘露，即使枯萎的心灵也能苏醒；教师的爱是融融春风，即使冰冻了的感情也会消融。
>
> —— 巴特尔

每个人的成长都离不开老师。老师，是我们前进道路上的启明灯，为我们的健康成长导航。在学校生活中，师生关系也是影响我们个人成长的非常重要的人际关系。然而在职校生活中，师生冲突事件也时有发生。

♥ 心灵思考

案例一：某中学高一(3)班学生王同学在晚自习时把画着一只乌龟并写有"我是乌龟，我怕谁"的纸条贴在数学梁老师的裤子上。梁老师获知后深感受辱，并在王同学不愿撕掉字条的情况下，与之发生言语冲突。

案例二：某中学高二学生周同学与另一男生在上英语课时低头玩手机，被英语老师发现。英语老师要求周同学站起来，并走到周同学身边，从他课桌里拿出手机并摔向地面。随后周同学与英语老师发生肢体冲突。

请同学们结合上述两个案例，分析师生冲突发生的原因及解决途径。

_____

_____

_____

一、师生冲突的原因

进入中职学校的学生大多数都经历过不成功的学习经历和不受关注的成长体验，可以说对老师有一定的反感情绪，加之学生缺乏一定的沟通能力，做事冲动，这些是导致师生冲突的关键因素。另外，中职学校的老师除了需要具有过硬的专业技能知识外，还应具有较强的课堂管理能力和情绪控制能力，因为有时候老师的一句话会让学生情绪失控，进而导致本该和谐的师生处于针尖对麦芒的局面。

❤ 心灵聚焦

第 一 幕

　　因为张文彤上课时的小动作特别多，所以老师们对他的印象都不怎么好。一天，已经上课一分钟了，课堂气氛还没有从上节体育课的兴奋中恢复过来，嘈杂声特别多，赵老师忍无可忍，于是决定给他们一个"下马威"。教室左边角落的声音特别大，赵老师眼角一扫，张文彤映入眼帘，赵老师气不打一处来，大声叫道："张文彤，你给我站起来！"

　　张文彤气坏了，硬着脖子气呼呼地说："我又没讲话，为什么要我站起来？"

　　赵老师听后，更加生气："我明明看见你讲话，还想抵赖，给我站起来！"

　　张文彤不服气地说："我没有讲话，我就不站！"

　　赵老师火气更大了："我叫你站，你就站！"

　　张文彤看样子也要死撑到底："我偏不站，你能怎么样？"赵老师气得嘴唇直哆嗦："你，你，看来我这课也没法上了！"

1. 说一说哪些原因导致了张文彤和赵老师的冲突？

_____

_____

_____

2. 面对这样的情况，张文彤该怎么办，不同的处理方式可能会导致怎样的结局？

_____

_____

_____

第 二 幕

　　冷静下来后，热爱教育事业的赵老师进行了一番反省，并找班级同学了解情况，发现确实错怪张文彤了。赵老师心里很矛盾："学生认错很自然，老师向学生认错，多尴尬啊！"

过了几天，机会来了，张文彤与赵老师迎面走来，张文彤一看是赵老师，仰着头，装作没看见。"张文彤，等一下，老师想跟你谈谈。"张文彤以为老师又要批评他了，带着情绪走到老师身边。赵老师鼓起勇气说道："那天是老师不对，当着全班的面错怪了你，态度也不好，老师跟你道歉，希望你别放在心上。"

张文彤很意外，他不好意思地笑着说："老师，我也不对，我态度也很差，对不起……"

师生之间的疙瘩一下子解开了。赵老师意外发现，张文彤在他的课上认真了许多。

1. 张文彤和赵老师都做了什么使得矛盾能化干戈为玉帛？

_____

_____

_____

2. 你觉得同学和老师在相处时应该注意什么？

_____

_____

_____

二、如何处理师生矛盾

如果我们和老师发生矛盾，出现对立、争执和冲突时，该怎么办？

(1) 停止争辩，学会冷处理。

(2) 尊重老师，主动找老师交换意见并虚心接受老师的批评，不可当场顶撞老师。

(3) 请他人帮助分析问题，寻找解决方法。

(4) 反思自己，查找自身原因。

(5) 如果和老师的分歧一时不能消除，不被老师理解，可以先求同存异，保留自己的意见。如果确实遭遇不公平的事情，也要保持冷静，寻找合适的方式表达。

♥ 心灵体验

今天我来当老师

情景一：大家在下面比较安静，但各做各的事情，如看书、画画，就是不关注演讲者。

情景二：同学们在下面非常认真、专注地听，而且频频点头微笑，还不断地记笔记。

情景三："我要上厕所！"

"后面的同学又打我！"

"都知道了，不用再讲了……"

大家对老师都有自己的看法和感受，请你写出心目中好老师的样子和希望老师理解自己的哪些行为。（还可以换个角度，以老师的角色来要求学生，进一步理解老师）

1. 作为一名学生，你认为好老师应该是怎样的？

_____

_____

_____

2. 你希望老师能理解你的哪些行为？

_____

_____

_____

3. 如果你是老师，你将要求你的学生做到什么？

_____

_____

_____

通过以上三个方面的碰撞，你有何启发？从成长型思维的角度来思考。

_____

_____

_____

三、正确应对师生冲突的策略及建议

每个人都有被爱和被尊重的需要，每个人也都有给予别人爱和尊重的能力。黄金规则就是像你希望别人如何对待你那样去对待别人。己所不欲勿施于人，每个人对他人都多一点尊重，多一点关爱，就能避免冲突。在上述案例中，学生如果能尊重教师的辛苦教学，尊重教师的意见，就能遵守学校和教师的规定，避免出现上课玩手机等行为；教师如果能够尊重学生，就会采取更为柔和的方式，用爱的教育去温暖和感化学生，有时一个眼神、一个轻抚、一句善意的提醒就能解决问题，避免出现师生冲突。

改变扭曲的认知，重新理性地认识彼此。教师应该树立正确的学生观，确立师生关系平等的观念，放下居高临下的姿态，真正从内心去了解、关心、爱护学生；然后要公正地看待学生，相信学生的本质是可信赖的，相信学生有自省、自我促进、自我转变的能力；最后改变以暴制暴的观念，找到与学生有效沟通的方式。学生要相信教师是可依赖的，应转变敌对意识和反抗意识，采用积极、主动的沟通方式来处理和教师之间的关系，应该主动跟老师沟通自己的想法、意见。

研究表明，教师的责任心、教育观念、教学效能感、个性、工作满意度、情绪调节策略均对课堂情绪调节能力有影响。学生可以通过自我暗示、放松、转移、合理宣泄等方式来提高情绪调节能力。学生情绪调节能力与对父母的依恋程度、情绪管理能力、一般自我效能感息息相关，可以通过家校合作的方式有效提高学生的情绪调节能力。

在青春期的认知发展过程中，学生思维的独立性和批判性虽有一定的发展，但还很不成熟，他们看问题容易片面和偏激，喜欢钻牛角尖，有时候做事情不顾后果，这是青少年特有的半幼稚半成熟的特点。他们以为与老师对着干很勇敢，是一种英雄行为，因而盲目反抗，不计后果，拒绝一切批评。

师生关系是学校中最重要的社会关系。师生关系是教育理论界探讨的永恒话题，这一互动关系直接影响着教育教学的成败，影响着学校功能的实现。从大量的教育案例来看，教师和学生在教育上的互动关系既有和谐、一致、配合的一面，也存在着分歧、对抗、冲突的一面，也就是说师生关系存在着和谐与冲突两个方面。和谐的师生关系有利于完成教学目标、教学任务；而师生关系的冲突会带来一系列的负面影响。

❤ 心灵练习

今天晚上周老师负责查寝。熄灯钟响后不久，一名男生进入了他的视线，他手里提着一小袋饭团。

"喂，这个同学，请你留步。"周老师叫住了他，"就寝后还允许往寝室里带吃的吗？"

"我下午没吃饭呀！"男生回答道。

"那你在这里吃完了再回寝室吧！"周老师语气生硬，因为按学校的规定是不准在寝室进餐的。

"我不吃了还不行么！"这位男生突然情绪激动地说，并随手把饭团摔到了地上。

师生间的分歧与裂痕就这样演变为一场冲突。

请同学们分组讨论，如果你是该名同学，会采用哪些策略来处理这件事情？请用角色扮演的形式进行展示。

_____

_____

_____

_____

_____

❤ 心灵拓展

在汶川地震发生的一瞬间，德阳市东汽中学教师谭千秋弓着身子，张开双臂紧紧地趴在课桌上，伴着雷鸣般的响声，冰雹般的砖瓦、灰尘、树木纷纷坠落到他的头上、手上、背上，热血顿时奔涌而出；他咬着牙，拼命地撑住课桌，如同一只护卫小鸡的母鸡，他的身下蜷伏着四个幸存的学生，而他张开守护翅膀的身躯定格为永恒……5月13日22时12分，当搜救人员从四川省德阳市汉旺镇东汽中学教学楼坍塌的废墟中搬走压在他身上的最后一块水泥板时，抢险人员们都被震撼得落泪。

谭千秋用自己51岁的宝贵生命诠释了爱与责任的师德灵魂，被湖南省委书记张春贤誉为"英雄不死，精神千秋！"

结合故事，请你叙述对老师这一职业的想法（可以从成长性思维的角度入手，至少写出2点）。

_____

_____

_____

_____

结合本节内容，反思自己过去或现在的师生关系，写一写、练一练，请将相关信息填入表3-2中。

表 3-2　不同思维的做法

我的师生关系	如果使用固定型思维，我会怎么办？	如果使用成长型思维，我会怎么办？	拥有成长型思维，我会发生什么改变？
友好的老师			
冷淡的老师			
对立的老师			

学习完本节内容，结合自己的经历，从成长型思维的角度来思考，谈一谈化解师生矛盾最有效的方法和策略有哪些？

_____

_____

_____

_____

第三节　我可以建起同伴的世界

—— 珍惜友情，学会沟通

> 世界上最宽阔的是海洋，比海洋宽阔的是天空，比天空更宽阔的是人的胸怀。
>
> —— 雨果

与他人进行正常的交往，建立和谐的人际关系，是我们每个人心理健康发展的需要。在生活中，我们每个人都渴望拥有真挚的友情，当我们快乐时能与朋友分享，当我们痛苦时能向同伴倾诉，当我们遇到困难时希望能得到朋友的帮助。那么，究竟怎样才能建立这种真诚友爱的情谊呢？同伴之间的相处到底是什么样子呢？

❤ 心灵思考

小韵和小雅是一对好朋友，她们每天都一起上学，一起放学，一起吃饭，形影不离。大家都称她们是姐妹花。但是最近小韵和小雅闹矛盾了，原因是小雅把小韵的秘密泄露了。小韵很生气，觉得小雅背叛了自己，要和小雅绝交，还到处说小雅的坏话，联合其他同学开始孤立小雅。小雅不知如何是好，于是走进了心理辅导室……

1. 好朋友是不是要绝对保守秘密？
2. 好朋友是不是要分享所有的秘密？

一、同伴交往的重要性

美国著名的发展心理学家埃里克森曾提出个体心理发展的八个阶段理论，在这一理论中阐述了青少年的主要任务是建立自我同一性。而在建立自我同一性的过程中首先面对的危机就是自我同一性的混乱。这个过程的核心问题是关于"我是谁"的探讨，即对自我身份的确立和自我认同感的追寻，简单地说，就是把自己的众多人格整合统一成一个完整的、稳定的人格结构。

　　处于青少年时期的中职生绝大部分时间是在校园里度过的，同伴交往成为他们人际交往中非常重要的组成部分。青少年在这个时期，逐渐地远离了与父母的交往而更多地走到同伴中去。有研究指出，从这一时期开始，同伴对他们的影响第一次超过了父母，同伴关系成为他们人际关系中必不可少的一部分。同伴关系对其行为取向，社会能力、心理健康及个性发展等都具有重要影响。而他们获得或者维持友情是需要一定的方法和技巧的，其中最主要的人际交往的技能就是处理人际冲突、维护良好的人际关系的技能。

❤ 心灵体验

　　面对矛盾，小韵和小雅是怎样的心情？如何帮助小韵和小雅化解友谊危机？接下来我们进行一个"友谊之球"的游戏。

　　游戏规则：

　　1. 七人一组，选出组长。

　　2. 组长首先将气球吹胀，用剃须膏将气球上的"哈哈脸"图案喷覆。

　　3. 组长拿气球，其他人拿剃须刀将剃须膏从气球上刮下，每人只能刮一下，依次进行，直到将"哈哈脸"图案上的剃须膏刮干净。

　　4. 任何情况下，气球破了则游戏终止。

　　5. 比一比哪组能最快把"哈哈脸"刮干净。

　　联系主题，此活动给你什么启示？请同学们续写小韵和小雅的故事，并进行分享。

_____

_____

_____

_____

二、同伴交往的影响

　　相对于师生之间的影响，同伴带来的影响更加真实、丰富。同伴冲突 (peer conflicts)

是人际交往中普遍存在的一种现象，它在儿童早期就已经出现，并伴随着个体的发展持续终生。它是指同龄或心理发展水平相当的个体之间在交往过程中出现的相互排斥、敌视和侵犯的行为。在生活中，同伴冲突破坏了中职生同伴之间原有的比较和谐的关系，破坏了原有的良好的心理氛围。在这样的情形下，众多的压力给他们的学习和生活带来了一定的心理负担，在一定程度上影响其正常的学习和生活。此外，在同伴冲突中经常处于劣势的同学会产生挫败感，影响他们的自尊心和自信心的形成和发展，进而影响其人际交往的顺利进行，甚至会产生交往障碍或者进一步影响其身心健康。而经常在冲突中占上风的同学，则有可能会形成自高自大、目中无人的自负心理，甚至养成爱欺负人的毛病，久而久之，容易产生不良行为方式。更有甚者，由于同伴冲突不能及时有效地解决而积怨成仇，造成进一步冲突等恶性事件。

❤ 心灵聚焦

2012 年 9 月 25 日，洪湖市黄家口镇发生一起校园惨案，15 岁的初中学生持刀捅死同班同学。据警方介绍，15 岁的张某是该市黄家口镇某中学初二学生。24 日晚 9 时许，张某与同班同学陈某在上晚自习时，因为张某打喷嚏时不小心把口水溅到了陈某的身上，两人便发生了口角、争执，后相互扭打。下晚自习后，陈某邀来另一名同学，拦住张某进行打斗。张某因此怀恨在心，离开学校后，到附近一家超市内购买了一把水果刀，藏于自己的课桌中。

次日上午 6 时 30 分许，到学校上早自习的张某在教室内拦住陈某，双方再次发生口角。张某遂将放置在课桌内的水果刀拿出，并威胁陈某。陈某上前欲夺水果刀，抢夺中张某持刀刺中陈某的胸部。随后，闻讯赶到的学校老师将受伤的陈某送往附近医院进行救治。经医院全力抢救，陈某终因伤重死亡。

看了这个故事，你想说些什么呢？

_____

_____

三、同伴交往的技巧

（一）平等原则

人际交往，首先要坚持平等的原则。如孟子所说："大丈夫富贵不能淫，贫贱不能移，威武不能屈。"无论是什么人，他们渴求平等的心情是一样的，同伴之间的关系必须建立在平等之上才能长久。

（二）相容原则

相容原则主要是心理相容，即人与人之间的融洽关系，与人相处时的容纳、包含以及宽容、忍让。主动与人交往，广交朋友，交好朋友，不但交与自己相似的人，还要交与自己性格相反的人，求同存异、互学互补、处理好竞争与相容的关系，更好地完善自己。

（三）互利原则

互利原则指交往双方的互惠互利。人际交往是一种双向行为，古人有"来而不往非礼也"之说，只有单方获得好处的人际交往是不能长久的。人际交往中要双方都受益，不仅是物质的，还有精神的，因此交往双方都要付出和奉献。

（四）信用原则

信用指一个人诚实、不欺、信守诺言。古人有"一言既出、驷马难追"的格言。现在有以诚实为本的原则，不要轻易许诺，一旦许诺，要设法实现，以免失信于人。朋友之间，应言必信，行必果，不卑不亢，不俯仰讨好位尊者，不藐视位卑者，显示自己的自信心，取得别人的信赖。

此外，同学们可以在这两个方面进行思考：

(1) 通过做出不同的选择，感受不同的结果。

(2) 退一步海阔天空，宽容会给我们带来很多。

要想拥有和谐的人际关系，必须要学会真诚待人，正确看待他人，热心助人，并且还要学会宽容。

❤ 心灵练习

1. 让宽容走进心底

请想想你心中的烦恼事，想一想那个曾经带给你烦恼的朋友，此时你有什么话想对你的朋友或者自己说的吗？

(1) "我"当时为什么要和他(她)产生如此激烈的冲突；

(2) 最终这次冲突怎么解决的；

(3) 冲突解决后"我"的感受。

2. 找一个最想与之改善关系的人进行交往训练，尝试运用本课所学的人际交往技巧，将相关信息填入表 3-3 中。

表 3-3　人际交往训练

对　象	交往问题	主要原因	如何改进	达到效果

在人际关系中，宽容是维持关系健康状态的"维他命"。很多时候，退一步思考和处理问题会使矛盾冲突迎刃而解。宽容是一种胸怀，宽容更是一种气度，它不仅能给我们带来心灵的宁静及平和，更能带来美好！就像安德鲁·马修斯的一句箴言："一只脚踩扁了紫罗兰，而紫罗兰却把香味留在那脚跟上，这就是宽容。"

❤ 心灵拓展

小刚很聪明，学习踏实用功，成绩一向很好，但初二时因家庭变故，他的成绩一落千丈，没能考上高中，最后选择了中职学校。在学校里，他感到很多事情不顺心，尤其是在与人交往、处理人际关系等问题上让他伤透脑筋，吃尽苦头。一年多来，他和班上同学的关系很不融洽，跟同宿舍的同学发生过几次冲突，关系很紧张。他觉得自己没有一个能互相了解、相互信任、谈得来的知心朋友。对此，他感到特别自卑，经常情绪烦躁，这些精神上的痛苦也无处倾诉。他曾想尽力克制自己，强打精神，尝试用埋头学习的方法减轻痛苦，冲淡烦恼。然而，事与愿违，人际关系的烦恼使他很难集中精神学习，学习效果很差，后来竟出现考试不及格的现象。他感到震惊和恐慌，失去了坚持学习的信心。

从这个故事中你学到了什么？结合自身发生的一些事情，你觉得怎样做才能更好地处理人际关系？

_____

_____

结合本课内容，联系自己的同伴关系，写一写、练一练吧，请将相关信息填入表 3-4 中。

表 3-4　不同思维的做法

我的同伴关系	如果使用固定型思维，我会怎么办？	如果使用成长型思维，我会怎么办？	拥有成长型思维，我会发生什么改变？
友好的关系			
平淡的关系			
糟糕的关系			

学习完本节内容，你印象最深刻的是什么？根据自己的经历，从成长型思维的角度来思考，谈一谈自己在同伴交往的过程中存在哪些问题以及解决途径？

_____

_____

_____

_____

第四节　我会拒绝校园欺凌

——青春同行，温暖以待

> 或许曾经年少轻狂、不谙世事的我们在自己的岁月长河中失去了太多，错过了太多，忽视了太多，而这些却是在未来就算倾其一生也再找不回来、求不得的一现昙花。

一、校园欺凌及其危害

（一）校园欺凌的定义

校园欺凌是指发生在校园内外、学生之间，一方（个体或群体）单次或多次蓄意或恶意通过肢体、语言及网络等手段实施欺负、侮辱，造成另一方（个体或群体）身体伤害、财产损失或精神损害等行为。在世界上大多数国家中，校园欺凌是一个重大的社会问题。

❤ 心灵思考

在电影《悲伤逆流成河》的片段中，女主人公易遥在跳河时说："如果我永远忘不掉，如果我忘不掉，怎么被你们欺负，怎么被你们侮辱，粉笔灰塞嘴里是什么滋味，打火机烧头发是什么滋味，扒衣服拍照、被人孤立排斥又是什么滋味。你们骂过我最难听的词，编过最下流的绰号，你们动手的没动手的都一样，你们比石头还冷漠，你们又恶毒又愚蠢，你们胆小怕事，别人做什么，你们就跟着做什么，你们巴不得世上多死一个人，因为你们的日子真的无聊，因为你们觉得自己不会承担任何后果，杀死顾森湘的凶手我不知道是谁，但杀死我的凶手，你们知道是谁。"

1. 在易遥身上发生了什么？

_____

2. 这是一种校园欺凌现象，你身边的同学或你本人身上是否也有过类似的事情发生？属于何种欺凌？

_____

心灵体验

视频欣赏：电影《悲伤逆流成河》的插曲《再见青春》，用心感受此曲所表达的含义，结束后小组讨论并分享体悟。

二、校园欺凌的类型及特点

（一）校园欺凌的类型

(1) 关系欺凌。联合团体成员，孤立或无视被欺凌者。

(2) 肢体欺凌。殴打被欺凌者。

(3) 网络欺凌。在网络上散布谣言或发布私人信息。

(4) 食物欺凌。强迫食物过敏者食用过敏反应的食物、过量食用腐臭食物等。

(5) 言语欺凌。指责、谩骂被欺凌者。

(6) 强迫驱使。强迫被欺凌者做某些非出自本愿的行为或言行。

(7) 性欺凌。污秽语言或行为上侵犯被欺凌者。

（二）校园欺凌的特点

校园欺凌具有以下特点：

(1) 双方力量的不均等性。一般来说，相对弱势的群体会更容易受到强势群体的欺凌，如低年级的学生、成绩较差的学生、性格内向孤僻的学生、性别认同感较低的学生等更容易遭受校园欺凌，成为被欺凌者。

(2) 重复发生。大多数校园欺凌并不是一次性的行为而是重复发生的行为。欺凌的类型中男孩多为肢体欺凌，女孩多为语言或者关系欺凌。被欺凌者往往在一段时间内成为固定的被欺凌对象，被欺凌者将长期处于被欺凌的情绪与情景中，所受的伤害会持续加深。

(3) 形式的多样性。校园欺凌呈现的具体方式有谩骂、嘲笑、戏弄、侮辱、起绰号、殴打、名誉诋毁、恐吓、破坏物品、敲诈勒索和心理伤害等。近年来，网络校园欺凌事件与食物校园欺凌事件频繁发生。

(4) 场景的隐蔽性。校园欺凌者在实施欺凌行为的时候，一般会选择学校中较为隐蔽的场所，如走廊、厕所、操场、回家的路上等，因此被发现的难度较大，家长和教师也很难及时进行干预。

❤ 心灵思考

对校园欺凌 Say no

体会"说对不起，一两秒就说出；说没关系，一生都念不出"这句话的含义，然后与班级同学分享自己的感悟。

如果你是易遥，你会采取哪些行动来拒绝校园暴力？如果你是她的同学，你又会做些什么呢？（小组讨论后进行角色扮演）

_____

_____

❤ 心灵聚焦

某职校有个名叫小英的女生，她的身材矮小，身形较胖，皮肤较黑，体味较重，讲话有些不清楚，她的学习成绩在班里排倒数。在开学不久后，班里有几个调皮的男生带着恶意拿她开玩笑，嘲笑她又胖又黑又笨又臭……渐渐地，其他人也加入其中，给她起绰号。上体育课时同学们在旁边起哄，谁都不愿意跟她同组。有时候她就装作没听见，有时候真生气了，她也会拿起书本打男生，对方一边躲一边笑，而她却遭到更多的嘲笑。后来，她更多的时候选择了沉默，不去理会。渐渐地，她也看不进书了，想找其他女生玩，和她们打招呼都没人理会，同寝室的人也都开始远远地躲她，背后嘲笑她……

1. 同学们对小英做了些什么？这种校园欺凌会带给小英哪些伤害？

_____

班主任找到寝室长，想让寝室长多关心小英。寝室长看了看同寝室的成员，又看了看那些欺负小英的男生，寝室长果断地拒绝了班主任的请求。

2. 为什么寝室长会拒绝班主任的请求？用成长型思维的角度来看小英的问题，你会怎么做？（课后查阅从众效应、蘑菇定律）

_____

_____

三、校园欺凌的危害

欺凌行为可能会导致严重的学业问题、社会问题、情感问题和法律问题，给受害者带来严重的创伤。研究发现，身体受害的儿童在学业成绩方面会比同龄人落后 6 至 9 个月。具有被欺凌经历的人往往比没有被欺凌经历的人有更多的心理问题，有欺凌受害经历与抑郁症、自杀意念、高自卑情况的产生以及精神病入院率有显著联系。

四、如何防止校园欺凌及相关法律

（一）如何防止校园欺凌

(1) 在威胁与暴力来临之际，首先告诉自己不要害怕，要相信邪不压正，大多数同学与老师以及社会上一切正义的力量都是自己的坚强后盾，会坚定地站在自己的一方，千万不要轻易向恶势力低头。而一旦内心笃定，你就会散发出一种强大的威慑力，让坏人不敢贸然攻击。

(2) 大声地提醒对方，他们的所作所为是违法违纪的行为，会受到法律严厉的制裁，会为此付出应有的代价，在能确保自身安全的前提下大声呼喊求救。应尽量保持镇静，不要惊慌，有勇有谋地保护自己，无论如何一定要记住欺凌者的人数和体貌特征，以便事后及时报警或报告老师。最好是运用你自己的智慧与坏人进行周旋，达到既能保护自己，又能巧妙制服坏人的最佳效果。

(3) 如果受到伤害，一定要及时向老师、警察申诉报案，不要让不法分子留下"这个小孩好欺负"的印象。如果一昧地纵容欺凌者，最终只会导致自己频频受害，陷入可怕的梦魇之中。

（二）校园欺凌的相关法律

根据校园欺凌和暴力行为的严重程度，可以分为违规行为、违法行为和刑事犯罪。

校园欺凌和暴力达到一定的严重程度将属于涉嫌犯罪，可能适用的有多个具体罪名，如故意伤害、寻衅滋事、聚众斗殴等。检察机关在办案中，会根据案件事实，包括行为人的主观故意、客观行为、情节和危害后果等方面，按照法定标准来认定校园欺凌和暴力行为是否构成犯罪、构成何种犯罪。

例如，已满十四周岁不满十六周岁的学生使用轻微暴力或者威胁，强行索要其他学生随身携带的生活、学习用品或者钱财数量不大，且未造成一定危害后果的，不认为是犯罪。而已满十六周岁不满十八周岁的学生出于以大欺小、以强凌弱或者寻求精神刺激等原因，多次对其他学生强拿硬要，扰乱学校及其他公共场所秩序，检察机关会依法处理，尤其是对于性质和情节恶劣、手段残忍、后果严重的，会坚决依法惩处。

调查研究表明，诸多砍人事件和严重暴力事件的参与者都曾遭受过校园欺凌或参与过校园欺凌，所以校园欺凌不仅仅属于教育层面的问题，更关乎到社会的发展和社会环境的长治久安。杜绝校园欺凌事件的发生，还校园一份和谐与健康。

❤ 心灵练习

防校园欺凌顺口溜

春风吹，阳光照，校园生活真美妙。

对同学，要友善，文明礼让要记牢。

坏风气，不能要，互帮互助不可少。

见恶行，要举报，视而不见可不好。

不恃强，不凌弱，后果严重警察找。

反欺凌，要做到，校园和谐最重要。

同学间，不为难，互助成长情谊连。

欺凌者，要受处，屡教不改要严办。

被欺凌，莫慌乱，报告老师来评判。

心平静，坐下谈，握手言和把手牵。

与人交，要友善，礼义廉耻记心间。

正学风，爱校园，争做文明好少年。

杜绝校园欺凌，愿做文明校园的守护者。

守护人：_____（签名）

❤ 心灵拓展

下面是成长型思维的资源库，请同学们有时间阅读鉴赏。

电影

《悲伤逆流成河》郭敬明同名畅销小说改编，由落落执导。

《少年的你》根据玖月晞小说改编的电影，由导演曾国祥执导。

《奇迹男孩》根据 R.J. 帕拉西奥的小说改编，由斯蒂芬·卓博斯基执导。

《夏洛特的网》由盖瑞·温尼克执导。

电视剧

《如此可爱的我们》《你是我的荣耀》

书籍

《钝感力》【日本】渡边淳一

《内在动机》【美】爱德华·德西

《人性的弱点》【美】戴尔·卡内基

　　学习完本节内容，请联系身边发生过的校园欺凌事件，我们一起来练习和巩固成长型思维吧，将相关信息填入表 3-5 中。

表 3-5　不同思维的做法

校园欺凌事件	如果使用固定型思维，我会怎么办？	如果使用成长型思维，我会怎么办？	拥有成长型思维，我会发生什么改变？
欺凌者			
被欺凌者			
旁观者			
其他人			

学习完本节内容，你的感受是怎样的，有哪些收获？可写下来与同学交流分享。

_____

_____

_____

_____

第四章 美丽青春，自控自律

本 章 概 述

　　中职生正处于青春期，在这一时期，他们会受到两股冲击，一是本能冲动的高涨，二是面临新的社会要求，二者都会让他感到困惑和混乱。所以中职生青春期的主要任务是建立一个新形象，以及找到在社会集体中所处的情感位置。如果这一阶段发展不顺利，中职生则会出现角色混乱的情况。

　　本章针对中职生在青春期容易出现的问题，帮助他们了解青春期的特点及意义；科学地认识青春期的生理发育和心理变化；了解青春期与异性交往的特点并具有良好的交往能力；了解卫生保健常识；养成良好的卫生习惯；了解青春期常见的困惑和诱惑，能够明辨方向，做出正确的选择；学会抵制诱惑的方法，正确认识手机，合理使用手机。

第一节　我的青春我拥抱

—— 认识青春，拥抱变化

> 青春在人的一生中只有一次，而青春时期比任何时期都强盛美好。因此千万不要使自己的精神僵化，而要把青春保持永远。
>
> —— 别林斯基

青春期是每个人从儿童走向成年的过渡期，负有承上启下的成长使命，我们在这一阶段既要修正儿童期发展中的缺失和不足，又要为成年期做好充分的准备。在这个非常特殊的发展阶段，我们是懵懂的、焦虑的，如何让迷茫的我们平和地度过这一阶段，顺利走进人生的下一个阶段？首先我们要做的是认识自己身体和心理上的变化。下面让我们一起揭开青春期的神秘面纱。

❤ 心灵体验

全体同学起立，一起围成一个大圆圈，应注意尽量与异性同学分开。调整好位置后伸出我们的双手，用我们的双手为左右两边的同学揉揉肩、敲敲背。

互动过程中，与异性同学之间的活动和与同性同学之间的活动相比，你的感受是否一致？

_____

_____

在活动中，我们发现很多同学在与异性的互动中会表现出一些尴尬，他们不愿意与异性有过多的身体接触，也不愿意一起做活动。

为什么我们会有这样奇怪的感受呢，这些感受又是从什么时候开始的呢？原来，我们的这些小心思是从青春期慢慢开始的。大家回忆一下，我们大概是从几岁开始进入青春期的？

点拨：一般来说，女孩子的青春期来得比男孩子早，大约从 10～12 岁开始，而男孩子则从 12～14 岁才开始。不过由于个体差异，通常把 10 岁至 20 岁这段时间统称为青春期。

一、青春期的变化

青春期是个体由儿童向成年人过渡的时期。通常人们会把青春期与儿童期进行明显区分，区分的界限是性的成熟。对于男性来说，性成熟的标志是遗精；女性的性成熟标志是月经，即第一次来月经。以性成熟为核心的生理方面的发展，使少年具有了与儿童明显不同的社会、心理特征。随着生理上开始不断成熟，我们的心理也会发生一些显著的变化。

（一）身体外形的变化

中职生在青春期时的身高和体重的变化是最明显的。在这个时期，中职生平均每年长高 6～8 厘米，甚至 10～12 厘米。而体重的增长则反映了肌肉、骨骼的增长以及内脏器官的增大等发育状况。体重的增长还存在性别差异，女性在体重增加高峰期平均每年增重约 4.5 千克，男性在体重增加高峰期平均每年增重约 5.5 千克。由于雌性激素有促进脂肪沉淀的作用，在整个青春期，很多女生的体重迅速增加，开始发胖。对于爱美的女生来说，可能会采取节食、吃减肥药等不健康的方式减肥，这些不健康的减肥方式导致很多女生面色苍白，身体瘦弱，常感到疲倦和精力不足。

（二）生理机能变化

青春期的人体生理机能迅速增强，男生肌肉强健，女生身材丰满。此外，青春期个体的大脑与神经系统逐步成熟，促使大脑对人体的调节功能大大增强，人的分析、理解、判断问题的能力迅速提高，大脑的兴奋性强，所以学生们易接受新事物。这个时期的中职生精力充沛、想象力丰富，喜欢独立思考问题，加上特有的批判性思维，因此他们富有创造性。但因受到垂体、甲状腺、肾上腺素的影响，青春期的中职生的情绪不稳定，具有易激动、烦躁、控制力弱等特点，所以这一时期的中职生要注意不要意气行事，避免造成遗憾。

（三）第二性征的出现及性机能成熟

第二性征是指身体形态上的性别特征。进入青春期后，个体的性腺机能开始活跃，性激素分泌增多，进而促进性器官、性功能的发育成熟。女生的第二性征表现为乳房隆起、盆骨变大、皮下脂肪增多、出现阴毛和腋毛等。男生的第二性征表现为出现胡须、喉结突出、嗓音低沉、出现阴毛和腋毛等。生殖系统发育成熟标志着人体生理发育的完成,性腺发育成熟表现为女生出现月经,男生出现遗精。

(四)心理发展的矛盾性

青春期生理的急剧变化冲击着心理的发展,使男生、女生的身心发展失去平衡。生理上的快速成熟使中职生感觉自己已经是成年人了,而他们的心理发展却相对缓慢,其认知能力、自控能力、社会经验都与成人有很大差距。所以,中职生要求社会、家庭、学校把他们当作成人来看待,并给予他们信任和尊重;而成人了解他们只是处于半成熟期,无法给予他们完全的、真正的信任,这时就会出现一系列矛盾。

(五)性心理发展

随着性生理发育的不断成熟,男生、女生在性心理发展方面呈现明显的特点,他们开始意识到两性的差别及关系。从青春期开始,中职生告别了无忧无虑的童年,在人生的旅途上迈出了很大的一步,并且开始体验社会、体验人生、体验自我。他们在体验欢乐、新奇和美好等情绪的同时,也开始品尝孤独、空虚、悲伤、烦恼、惆怅和忧郁等情绪的滋味。

❤ 心灵聚焦

遗憾终生的第一次恋爱

从相识到恋爱,从恋爱到怀孕,从怀孕到分手,从分手到残杀……两个行凶者,一个被害人,全都是正处于花季的在校生,年仅16岁!

悲剧主人公:薇薇(中职学生),俊俊(普通中学高一学生),锋锋(俊俊的初中好友)。

两个月前,俊俊和薇薇在一家网吧里相识。没多久,两个人就以恋人的身份相处了。俊俊对薇薇并没有太多的了解,也谈不上有多深的感情,只是觉得比较好玩,在两人的关系上,薇薇更为主动。

相识后的一个月内,俊俊和薇薇便懵懂地尝试了性行为,他们认为这是在享受着"恋爱的幸福"。不久后,俊俊感觉没新鲜感了,又发现薇薇有了"新欢",便向她提出分手。此时,薇薇发觉自己已经怀孕,拒绝分手。俊俊心生仇恨,便想"干脆把薇薇杀掉"。

俊俊找到了初中同学、铁哥们锋锋,告诉他想杀薇薇,希望他帮忙。锋锋起初劝俊俊不要去杀人，但俊俊一意孤行。锋锋觉得两人既然是哥们，就要讲义气，无论俊俊做什么，他都应该助他一臂之力。于是，两人合谋，残忍地杀害了薇薇并弃尸于一条偏僻的公路边。悲剧发生后，薇薇的父母痛不欲生。

最终，俊俊和锋锋因故意杀人罪受到了法律的惩罚。

看完这个故事，你有何想法？一起来交流一下。

_____

_____

恋爱是每个人都可能经历的，正确地看待和对待青春期的恋爱，是每个人都应学习的功课。

二、青春期的苦恼

对青春期的少男少女而言，正确地把握与异性之间的友谊和爱情的界限，是一件很难应付的问题。如果男女同学之间交往不当，会严重影响和妨碍中职生的学习和身心健康，带来情绪和行为上的困扰。这些困扰主要表现为：① 异性同学过于频繁地单独交往，容易超越普通交往的界限而过早地萌发出对异性的情爱，影响学业。② 虽无过多接触，只在内心朝思暮想，但表面上却做出排除异性、拒不接纳的态度，反过来，个体内心会因此产生强烈的冲突。③ 对异性没有好感或抱有偏见，以回避或拒绝与异性的任何形式的接触与交流，这些行为不但会影响个性的发展，还会影响到个体将来的婚恋和幸福。

心灵聚焦

小红是小明班上的学习委员，她的学习成绩优异，性格开朗，乐于助人，班上的同学都很喜欢她。但是，最近，小明发现自己对小红的喜欢渐渐变得和大家不一样了，他总是不由自主地用眼光追随着小红的一举一动，一旦和小红的目光有接触他就脸红心跳，这也导致上课总是精神恍惚、胡思乱想，他很想把自己的这种特殊感受告诉小红，可是又很害怕很犹豫，他很苦恼，他是怎么了？

渴望与异性交往，看见帅哥美女容易产生性幻想，对处于青春期的中职生来讲，这些想法是正常的表现。性幻想本身是愉悦的来源，它可以帮助中职生克服焦虑，并提供性的预演空间。那么如何让自己从过度的想法中解脱出来呢？我们可以积极参加各项有益的学习、娱乐和体育活动，消耗旺盛的精力。

青春期的朋友们要想了解更多的性知识，可以去图书馆查阅相关书籍，也可以看相关的纪录片。

三、中职生青春期变化的适应

青春期是每个人必经的人生阶段，了解自己在青春期中身体和心理的重要变化是顺利度过这个"十字路口"的前提。

♥ 心灵思考

小测试——了解自己适应青春期的状况

1. 你对自己的身体变化有什么感觉？

A. 觉得害怕，不知道自己怎么了

B. 充满好奇、兴奋、不安

C. 知道这是青春期正常的变化，心里很平静

D. 没注意过这个问题，无所谓

2. 如果其他同学和你说起身体的变化以及与性相关的话题，你会怎样？

A. 属于个人秘密，不愿意和他谈

B. 很想知道他的情况，但是不想说自己的

C. 如果对方是自己的好朋友，就大方地说出来

D. 这些话题让我有恶心、难受的感觉，我一定不会说的

E. 无所谓，没有什么不好说的

3. 与班里的多数同学比，你的身体发育处于什么阶段？

A. 和他们差不多

B. 比他们晚

C. 比他们早

D. 没注意过

4. 对于和大家的身体发育有所不同，你心里感觉如何？

A. 觉得他们发育有问题，我很正常

B. 很有压力，心里不舒服

C. 他们正常，我也正常

D. 没有什么感觉

5. 检查一下你有没有如下问题，如果有，你将怎样调整自己?

(1) 嘲笑那些身材矮小、瘦弱的同学。

(2) 拿别人的身材开玩笑。

(3) 用难听的话议论女生丰满的胸部或没有发育的胸部。

(4) 依仗自己身材高大、健壮横冲直撞。

(5) 因为自己的胸部丰满或不丰满而苦恼。

(6) 对遗精有紧张情绪。

(7) 对来月经感到很苦恼、焦虑。

(8) 因觉得自己的生殖器比其他男生小而很担心。

(9) 偷偷看一些不健康的黄色书刊、网页。

以上是很多中职生在青春期常出现的问题，这些现象是一种青春期适应不好的表现。每个人在青春期都会有很大的变化，这是个体发育的正常现象。每个人在发育的过程中都有不如意的地方，不应该用自己的优势去贬低别人的劣势，也不要为自己的不足而自卑。注意他人的评价是中职生最可贵的心理品质，这些心理品质会帮助中职生认识自己、认识他人，促使自我不断完善和发展。但对他人的评价过分看重、过分敏感，也会对中职生的发育产生很大的不良影响。我们要接纳自己的成长发育，尊重自己和他人的独特之处。即使自己的发育速度、发育程度与他人不一样，只要在健康和正常的范围内，就不要太在意他人的评价。

♥ 心灵练习

1. 推荐书目 :《男生，我大声对你说》 作者 : 毕淑敏

该书是著名作家、心理师毕淑敏写给男孩的心灵之书，内容涵盖男生的成长、成功、励志、恋爱、婚姻、修养等主题，既有轻盈恬淡的青春美文，又有引人入胜的心理咨询故事。该书是男生认识自己，走出困惑迷茫，追求成功幸福的人生指南，对女生认识和理解男生心理也不无教益和启示。

2. 推荐书目 :《女生，我悄悄对你说》 作者 : 毕淑敏

作者说 :"美好的女生请你慢下来，听我悄悄对你说暖温和煦的警策。不要慌张，生

命理应从容饱满,让精神的溪流奔涌清澈。即使此刻你是泥藕,我相信你必将盛开为莲。"

学习完本节的内容,请联系自己青春期的变化,一起来练习和巩固成长型思维吧,并将相关信息填入表 4-1 中。

表 4-1　不同思维的做法

我的青春期变化	如果使用固定型思维,我会怎么办?	如果使用成长型思维,我会怎么办?	拥有成长型思维,我会发生什么改变?
开心的			
难过的			
害羞的			
讨厌的			
期待的			

学习完本节内容,你印象最深刻的是什么?联系实际生活,你有什么启发?写下来吧,它将让你看见自己的感受与成长,看见自己的反思与力量。

_____

_____

_____

_____

第二节 我懂青春期界限

—— 异性交往，把握有度

> 春是自然界一年中的新生季节，而人生的新生季节，就是一生只有一度的青春。
>
> —— 西塞罗

处于青春期中，随着个人意识的萌发，独立意识的增强，身体生理的变化，我们会变得渴望与异性交往，这是一种正常的心理现象，处理好了能够增进我们的心理健康水平，平稳地度过青春期，处理不当则会影响我们自身的发展。那么我们该如何对待青春期的异性交往呢？

一、异性交往的心理阶段

异性交往的心理可分为四个阶段：

(1) 异性疏远期。在青春发育初期，由于性生理发育和第二性征出现了明显的变化，青少年会不同程度地意识到两性的差别，并对自身所发生的变化感到迷惑不解、羞涩不安。在一个较短的时期内，青少年总想远离异性，比如在课桌上画所谓的"三八线"；在学习和游戏中，男女截然分群，即使需要互相接近和交谈，双方也都保持着一定的距离；甚至在家里也表现出少男与父亲接近，少女更愿意跟母亲说悄悄话的现象。

(2) 崇拜长者期。在青春发育中期，青少年对自己周围一些异性或同性成年长者，如老师、熟人、影视明星以及学识、外貌出众的人，会表现出仰慕和崇拜。有意识地模仿其言行举止，收藏和张贴相片，甚至到了偶像崇拜以致入迷的程度。

(3) 异性接近期。在青春发育后期，随着性发育的逐渐成熟，男女青年开始对与自己年龄相近的异性发生越来越浓厚的兴趣，表现出喜欢、羡慕异性和彼此吸引的心理。青少年开始友好地对待和欣赏异性，总想以各种方式接近异性，引起异性注意。

(4) 浪漫恋爱期。在度过青春发育期之后，青年的性生理和心理已发育成熟，开始步入成年。随着各种社会交往活动的广泛开展，青年对异性的爱慕会更加热情主动，并开始把自己的爱慕集中表现在某一个具体异性身上，这就进入了恋爱期。

中职生的年龄段处于青春发育的中后期，男女生彼此感兴趣，但这个阶段的学生还处于学习知识和技能的时候，如果将大量的时间用在异性交往上面，可谓得不偿失，本末倒置。因此中职生需要有限度、有节制地与异性交往，将注意力放在学习专业知识技能上，待自身心智发展成熟，走向恋爱和婚姻就是自然而然的事情了。

♥ 心灵聚焦

在校园生活中，我们总会遇到各种各样的情感困惑，有些是羡慕别人交了男/女朋友，有些是渴望交男/女朋友，有些是不敢与异性交往。以下为男女生交往的案例。

案例一：老师你好，我是一名高一汽修班的学生，进入高中以来，我感觉很孤独，看见别的同学找到女朋友了，我很羡慕，我也十分想跟别人交往，尤其是异性同学，我该怎么办？

案例二：青春期的我们，总会有那么一点小心思，总是喜欢和她斗嘴，看着她生气的脸，心里不住地埋怨自己为什么又让她生气了，可脸上却又用一副满不在乎的表情掩饰着自己的那一点小心思。上课时，常常望着她的背影发呆，却没那个勇气和她诉说，每次都告诉自己："下次，等下一次，我一定告诉她。"就这样，等了又等，直至毕业，都没能对她说出自己的那一点小心思。

如果你是故事中的主人公，你会怎么做呢？

_____

_____

点拨：进入青春期以后，随着生理上的日益发育的成熟、性意识的萌发，男女生都会对异性产生好感和爱慕，希望与有好感的异性相互接近、了解、交往并结为朋友，这是非常正常的心理现象。

二、异性交往的好处

与异性交往有以下好处。

(1) 智力方面。男女生在智力类型方面是有差异的，男女生经常在一起互相学习、互相影响，可以取长补短，提高自己的智力活动水平和学习效率。

(2) 情感方面。人际交往间的情感是丰富而微妙的，在异性交往中获得的情感交流和感受，往往是在同性朋友身上寻找不到的。这是因为两性在情感特点上存在差异，女生的情感比较细腻温和，富于同情心，情感中富有使人宁静的力量。这样，男生的苦恼、挫折感可以在女生平和的心绪与同情的目光中找到安慰；而男生的情感外露、粗犷、热烈而有力，可以消除女生的愁苦与疑惑。

（3）个性方面。只在同性范围内交往，我们的心理发展往往会狭隘，远不如既与同性又与异性的多项交往更能丰富我们的个性。多项的人际交往可以使差异较大的个性相互渗透，相互补充，使我们的性格更为豁达开朗，情感体验更为丰富，意志也更为坚强。保加利亚的一位心理学家说过："男人真正的力量是带一点女性温柔色彩的刚毅。"

我们都有过这种体验 —— 较之只有同性参加的活动，有异性参加的活动，我们一般会感到更愉快，活动的积极性会更高。这就是心理学上的"异性效应"。当有异性参加活动时，异性间心理接近的需要就得到了满足，于是，彼此间就获得了不同程度的愉悦感，激发起内在的积极性和创造力。尽管健康的异性交往对我们的成长有诸多的好处，我们要把握好异性交往的尺度，防止"过"与"不及"。

❤ 心灵思考

生活中，我们经常会遇到人际交往方面的困惑，尤其是进入青春期以后，我们在异性交往方面的困扰会变得更多，到底该怎么与朋友交往呢？

小 A 是一名高一女生，口齿伶俐，能说会道，能够主动表达自己的看法，主要咨询人际交往方面的问题。

咨询师：我看了你们的咨询信，可以具体描述一下最近一次不愉快的交往经历吗？

小 A：可以。我和男生小 B 是好朋友，可是他最近跟我的同桌女生小 C 关系很好，而且明明知道我站在他们后面，他还要在我面前表现出很开心的样子，看到他们这么开心，我很痛苦。

咨询师：看到自己的好朋友跟别人在一起，把你疏忽了，你感到很痛苦，很难过，是吗？

小 A：是的，感觉天都要塌下来了。

在生活中，你会遇到这样一些情况吗，如果他（她）是你的朋友，你会怎么开导他（她）呢？

_____

_____

对于中职生异性交往，你有什么样的看法呢？

_____

_____

三、青春期异性交往的原则

中职生在青春期的异性交往有以下几项原则：

(1) 发现自我，完善自我，增强魅力。挖掘自身存在的价值，不断提高自身的德才与学识，博得众人的欣赏与赞美。

(2) 集体交往，尽量避免个别朋友的密切交往。团体交往可以吸收多个异性的优点，缓解初次与异性交往的羞涩与困窘。男女交往中不搞一对一的频繁接触，不交单一固定的异性伙伴。把有魅力的异性当作是一道动人的风景来欣赏，桂林山水甲天下，你总不能把它搬到家中独自欣赏，独自占有吧！

(3) 自然交往。交往时，我们的言语、表情、行为举止及情感流露要自然、顺畅，既不过分夸张，也不闪烁其词；既不盲目冲动，也不矫揉造作，恰当地表现自己。

(4) 适度交往，不要故意疏远，也不能过分亲密，要保持适当的心理和空间距离，做到诚恳待人和热情大方。

(5) 保持独立。要有独立性，不能过分依赖朋友。每个人都应有自己独立的心理世界，要学会独立思考与感受。

(6) 尊重对方。交往中要尊重对方，言行举止要留有余地，不要毫无顾忌，谈话涉及一些敏感话题时要回避，不随便干扰对方。

(7) 自尊自重。同异性交往时要自尊自重，不能自作多情；要注意衣着打扮和言行举止，不随意打闹和挑逗，身体接触要有分寸。

❤ 心灵体验

俗话说"男女搭配，干活不累""同性相斥，异性相吸"，这个世界是由男女两性组成的，缺一不可。在我们心目中，受欢迎的男（女）生形象是怎样的呢？现在请同学们准备好一张纸，剪成你喜欢的样式，然后在上面写出你心中的男（女）生形象，最后一起分享。

四、中职生恋爱中常见的心理问题

一是寂寞与恋爱问题。

职业学校的学习生活难免枯燥、单调，加上远离亲人和朋友，一些中职生就会感到格外孤单、寂寞。由于中职生处于青春期后期，异性间的吸引自然而强烈。为了打发单调的生活，不少中职生就开始交朋友，用谈恋爱的方式弥补内心的空虚，驱除内心的烦闷，这是一种不负责任的表现。解决空虚这一问题的方法是充实自己的学校生活，积极参加丰富的校园文化科技体育活动，扩大人际交往范围，结交新的朋友。虽然恋爱可以缓解寂寞，但是不能帮助摆脱空虚。如果中职生知识贫乏、兴趣狭窄、不合群、生活懒散，那么他在恋爱中就缺乏人格魅力，没有自信、自尊。感到空虚也是一种警示，提示中职生该积极主动地调整生活内容，提升各种素质。恋爱是为了找到与自己的理想、价值观一致的终身伴侣而进行的一种培养感情的活动，是一种高尚的精神生活，不是游戏。很多中职生抱着找个伴来摆脱寂寞的心态去谈恋爱，这样下去分手是必然的，也会给双方都带来心理伤害。摆脱寂寞的有效方法是积极参加各种活动，不断塑造自信、热情、宽容、坚强、负责的良好个性，充分利用青春的大好年华学习知识和技能。这样既可以为未来的就业、自立打下良好的基础，同时也会赢得真正的爱情。

二是好感与爱情关系问题。

恋爱错觉是指处于恋爱阶段的青春期男女，在特定的条件下，接收信息的一方对信息产误解而形成的对对方情感状态的误读。中职生经历了由性意识开始萌发到爱情的发生与发展的过程，对自身表现出来的一些心理和行为缺乏自我认识和调节。有的中职生会把对异性的好感当作爱情，陷入单相思或早恋；也有的中职生对异性间的正常交往大惊小怪，捕风捉影、乱点鸳鸯谱或者"起哄"，这使男女生之间的正常交往变了味儿，导致很多中职生对与异性交往如履薄冰。好感是爱情的先决条件，心理学家认为完整的爱情要经历三个发展阶段：好感、爱慕、相爱。好感与爱情还有很遥远的距离，如果错把好感当作爱情，就会给自己和对方带来许多烦恼，一方的拒绝会让另一方很尴尬，还有可能影响异性间正常的交往和友谊。遇到这种情况也希望中职生不要过分伤心、失望，要以理解、宽容的态度去对待对方，尊重对方对感情的认真态度，千万不要因为自己受到伤害而失去理智或报复对方。

♥ 心灵思考

晚上下自习时，李勇和小芳都在收拾书包准备回宿舍，恰巧二人的目光相遇，小芳朝李勇友好地笑笑并礼貌地点了点头。李勇当时心里一热，认为这是约会的暗示。于是他悄悄地、忐忑不安地跟着小芳到了女生宿舍楼下，盼望着小芳收拾完毕后下楼与他约会。而小芳对这一切却一点也未留意，径直走进了自己的宿舍，并很快地上床就寝。李勇等了很久，最后失望、气愤地离开女生宿舍楼。

点评：由于李勇对小芳素有好感，心中不自觉地滋生了一种复杂、微妙的感情。在这种微妙的心理状态的支配下，他对小芳的一举一动特别敏感。小芳对他点点头。他以为是约会的暗示；小芳偶然地和他的目光相遇，他便认为这是"秋波含情，盈盈欲语"；小芳朝他笑笑，他觉得是"心有灵犀一点通"；小芳有时不搭理他，他甚至会理解为"此时无声胜有声"。这是一种恋爱错觉，是把好感当作了爱情。

三是友谊与恋爱关系问题。

异性之间的正常交往有益于中职生身心的健康成长。异性之间的友谊与爱情是一种什么关系？首先，爱情的基础是异性间的友谊，但是异性间的友谊并不一定都能发展为爱情。从友谊到爱情，不仅要求双方在思想、志趣上一致，还对脾气、性格、社会条件等多方面有特殊的要求。爱情包含更加丰富和亲密的内容，这是友谊无法达到的深度和广度。有时友谊为爱情铺设了道路，但是要真正走到爱情的道路上去，还需要许多特殊的条件。友谊是异性间的好感和喜欢，如果愿意与一位异性共同携手走过未来的人生，并具有排他性的更为亲密的关系时，友谊就有可能发展为爱情。

爱情是高层次的异性间的友谊，爱情关系应该包括友谊关系（指恋人间的）。纯洁的友谊是恋爱发展的生命力，恋爱的过程是友谊不断深化的过程。爱情的成功往往是友谊和恋爱互相交融、互相促进的结果。当这种交融和促进作用产生了爱情时，友谊还会存在于爱情之中。

❤ 心灵聚焦

表4-2 爱情与友谊的区别

内容	爱 情	友 谊
交往人群	成熟的男女之间	不分年龄和性别
情感性质	以性成熟为生理基础，渴望对方成为终身伴侣的强烈情感	以共同的志趣、相同的爱好为基础的相互的敬佩之情
依恋程度	非常紧密，"一日不见，如隔三秋"	平平淡淡，君子之交淡如水
情感深度	全面地认识和心理相容，自我暴露很深，是你中有我、我中有你的关系	可以是一方面交往，也可以是多方面交往

续表

内容	爱 情	友 谊
对象范围	专一的、排他的、不允许有第三者	具有广泛性，不排斥他人，可以有很多对象
交往方式	隐秘的、封闭的	公开的，开放的
持续时间	比较稳定、持久，生死与共，相守一生	易变的、阶段性的、暂时的、持久的
承担责任	承担社会责任、道德责任、法律责任	承担道义上的责任
发展前途	以婚姻的形式共同生活，共同抚育后代，生死相依	生活、利益各自独立，可以一生交好

四是失恋问题。

中职生失恋时常常出现以下消极的情绪和心态：一是心灰意冷，陷入自卑和迷茫之中，认为自己是个失败者，对未来失去信心，慢慢走向怯懦封闭甚至产生绝望、轻生的想法与行为，成为爱情的牺牲品。二是不肯相信失恋是真的，对爱情仍充满幻想，活在对美好爱情的回忆里，或者对分手的对象一往情深，不能自拔。三是因为失恋绝望、愤怒，失去理智，纠缠着对方不放、产生报复心理和行为，造成违法犯罪的后果。还有的失恋者开始愤世嫉俗，怀疑一切，看到别人恋爱就嫉妒，爱发牢骚；或从此玩世不恭得过且过，游戏感情，寻求刺激。

由于中职生的性心理发育还不成熟，社会经验不足，交往中情感自控力较差，又很敏感，更容易失恋，失恋后造成的心理伤害也更严重。有的中职生甚至把爱情当作生活的全部，不管学业与未来的生活，一旦失恋就深陷其中，有时甚至会自我否定、自我毁灭。所以，经济尚未独立、思想尚未成熟、情感尚且幼稚的中职生，还是不要过早地涉入爱河，当个性完善、思想成熟、经济独立的时候，采摘的爱情之果才会甜美。如果没有准备好，就将内心的美好感情暂时冷冻，以免给自己和对方带来不必要的心理负担和心理创伤。

❤ 心灵思考

李月如是某职业高中二年级的学生，她的男朋友和她中断了恋爱关系，这对她是一个沉重的打击。失恋的痛苦使她对新生活的所有期待与憧憬顷刻间化为乌有。多日来，她的情绪抑郁，心烦意乱。她想要忘掉失恋这件事，可是无论如何也忘不了，失恋的痛苦像恶魔一样，无情地折磨着她。

这是李月如的第一次恋爱，而且是自己主动追求对方的。相恋后不久，两人就因个性不合、观点分歧、精神相容度差发生过三次争吵，最终导致男朋友和她分手。

点拨：对于李月如的这种情况，首先，采取认知领悟法，指出失恋之所以让自己痛苦，是因为对方已经否定了恋爱关系，而自己却耿耿于怀。倘若不再留恋过去的美好时光，而多想一些相处时的不愉快，失恋的痛苦就会大大减弱，甚至不复存在。其次，指出恋爱并不是造成痛苦的直接原因，而造成失恋痛苦的直接原因是她对失恋事件所持的信念与看法，认为被分手有伤自尊、自信。最后采用"与不合理的信念"辩论的方法帮助李月如解除情绪困扰，使她所否认或歪曲的经验、体验逐步减少，自我概念与自我经验趋于一致，在这样的过程中重新认识自我的存在价值，重燃对生活的信心。

❤ 心灵聚焦

失恋后怎么办？

失恋的不良心态会损害身心健康，造成一系列的社会问题。失恋者必须尽量走出痛苦。学会自我调整，必要时要求助专业的心理咨询师帮助自己渡过难关。

方法一：向家人和朋友倾诉。失恋者遭受失恋的打击后，会陷入悔恨、懊恼、失望、孤独、愤怒、抑郁等不良情绪之中，这时需要找一个知心朋友或者家人进行倾诉，释放压抑的心理负担。一旦把自己的苦闷说出来，得到朋友、亲人的关心和支持，就会较快地走出最痛苦的时期。

方法二：写日记或文章宣泄。如果身边没有朋友、亲人，无法得到直接帮助，可以用写信、写文章的形式，把痛苦宣泄出来，使心情平静下来。

方法三：参加各种活动，转移注意力。原来成双成对，现在一个人了，所以失恋者对于独自一个人的状态非常抵触。很多失恋者发现自己突然有了很多的空闲时间，不知如何打发。这时候失恋者可主动参加各种活动，转移对失恋的注意力，在空落落的心里填入友谊、学业、个人发展等内容。把心里积累的能量用在这些方面，就会发现另一个有价值、有意义的自我。

五、培养爱的能力

爱的能力是一种与他人建立亲密关系的能力，对于人一生的发展有重要的意义。只要不是由于某些先天或后天疾病的原因造成的情感冷淡，被人爱和爱他人就是人的一种基本需要。只有那些具有爱的能力的人才会真正地爱自己、爱他人，才会真正体验到爱给人带来的欢乐和幸福。爱的能力不是与生俱来的，是后天慢慢培养起来的。缺乏主动爱他人的能力就会使一个人爱的需求总是得不到满足，这样的人容易认为自己是最不值得他人爱的人，也没有勇气和信心与他人亲近。他们看到他人被爱，就会感到自己很不幸或这个世界不公平，容易怨天尤人，也容易嫉妒他人。这都会给发展亲密的人际关系带来困难和阻碍。

爱的能力有以下几个层面：

(1) 识别爱的能力。在爱情当中，人们常常以为是因为爱才和对方走到一起的，其实不然，爱情可能掺杂了许多其他心理因素与物质因素，也许是为了虚荣，或为了满足征服的欲望，也许有现实的利益因素。识别自己内心世界的情感，其实也需要勇气。有识别爱的能力的人，是自信和尊重他人的人。有识别爱的能力的人，会自然地与他人交往，主动扩展交往的范围，会尽量体会他人的感受。

(2) 表达爱的能力。首先，表达爱需要勇气与信心；其次，表达爱要选用恰当的方式和语言；再次，表达爱是在表明爱一个人就是幸福的，即使可能得不到回报；最后，表达爱就意味着要承担责任。

(3) 接受爱的能力。当有人抛出爱的绣球时，并不是所有人都有勇气接受。有的中职生因为对自己的评价过低，会觉得自己不配被爱；有的中职生因认为自己不值得被爱而不敢接受爱情；还有中职生可能怕自己因为爱情受到伤害而不敢去拥有。能否有勇气接受爱情，很重要的一点是对自己的评价是否积极。

(4) 拒绝爱的能力。首先，表现为对他人的尊重，要感谢对方对自己的感情；其次，要态度明朗、表达清楚，即讲清和对方只能是什么样的关系，是同学还是一般朋友，或是其他关系；最后，行动与语言要一致，有些人可能担心对方的心理受伤，虽然在语言上拒绝了对方，但行动上还是与对方有较亲密的接触，使对方误解，认为还有机会，仍纠缠在与自己的情感中。

(5) 解决爱的冲突的能力。相爱的人之间发生冲突是很自然的事情，冲突一方面可能来自日常生活中意见的不一致或不协调；另一方面可能来自于性格的差异。爱需要包容、理解、体谅。恋人间需要进行有效的沟通，表达清楚自己的思想、感受。伤害性的争吵或者冷战都不利于问题的解决。

(6) 面对失恋的心理承受力。失恋可以说是人生中一个很大的挫折，考验的是人的受挫折的能力。培养承受失恋的能力，首先要学习正确看待失恋。有些人把失恋看作是人生中一个巨大的失败，认为自尊心强烈受损，因而会有强烈的负面情绪体验。其实失恋只是一种选择的结果，一个人不选择自己不等于自我就全面失败、一无是处。每个人在爱的关系中的心理需要是不同的，看重的关键点也不同。每个人都有可爱的一面，只是欣赏的角度不同而已。其次，在失恋中学习，把失恋作为一种人生的财富，会在失恋中变得更加成熟。最后，失恋给人再恋爱的机会。一次失恋不等于整个爱情生命的结束，人还会再恋爱，再体验美好的爱情，要用心去体验、去建设、去学习和感受。

(7) 保持爱情长久的能力。保持爱情长久的能力是以上能力的综合。爱需要两个人真正地关心对方，走进对方的内心世界，以对方的快乐为自己的快乐。要保持爱情常新，需要持之以恒及付出，同时要保持自己的个性，有自己的追求与发展 (事业)。善于交流，欣赏对方，是爱的重要源泉。爱的能力有大有小，如果一个人的内心里没有爱，就没有爱可以付出。中职生的爱来自父母，父母把一种叫"爱"的物质灌注在中职生心里，一点儿一点儿，越积越多，直到中职生慢慢长大成熟。在中职生离开家庭走上社会后，会对另一个人付出储存在心里的爱，爱就是这样在父母与子女之间代代相传。爱首先是爱自己，只有爱自己的人才会爱他人。从 2005 年 5 月 25 日起，教育部、团中央、全国学联办公室向全国大学生发出倡议，把每年的 5 月 25 日确定为全国大学生心理健康日。之所以选定 5 月 25 日，是因为它的谐音是"我爱我"。

中职生对爱情充满憧憬，只有理解什么是爱人及明确如何培养爱，才会在未来的人生中收获爱情的果实。

❤ 心灵练习

你未来的男 (女) 朋友，你最看重的东西是什么？

_____

_____

思考一下，你看重的这些品质或特点可以帮助你什么？拥有这样的男 (女) 朋友，你打算如何与之相处？

_____

_____

学习完本节的内容，请联系在你过去或现在的异性交往过程中发生的事，并说说你的想法吧，让我们一起来练习和巩固成长型思维，请将相关信息填入表4-3中。

表4-3　不同思维的做法

异性交往过程中的事	如果使用固定型思维，我会怎么办？	如果使用成长型思维，我会怎么办？	拥有成长型思维，我会发生什么改变？
开心的			
难过的			
讨厌的			
期待的			

学习完本节内容，你印象最深刻的是什么？联系自己的实际生活，有什么启发？写下来吧，它将让你看见自己的感受与成长，看见自己的反思与力量。

_____

_____

_____

_____

第三节 我能辨析诱惑把握生命

——珍爱生命，远离诱惑

> 生命不可能有两次，但许多人连一次也不善于度过。
>
> —— 吕凯特

生命只有一次，诱惑无处不在。对处于青春期的中职生来说，他们的学业和就业压力比较大，同时其心理素质和心理成熟度并没有发展完善，在面对社会上的种种诱惑时就显得意志薄弱，容易陷入这些由诱惑和好奇心构成的漩涡中难以逃离。因此，提高中职生抵御诱惑的能力就显得十分重要。

一、常见的不良诱惑及其分类

生活中常见的不良诱惑有香烟、酒、电子游戏、金钱、赌博、黄色影视、性、毒品、邪教等。按照诱惑的程度及其危害，可以分为以下几个种类。

(1) 高危害，只要触碰即难以摆脱的事物，如毒品、邪教、黄色影视等。

(2) 较强危害，如香烟、酒、性等。

(3) 可以自控且适当有益身心的事物，如游戏、金钱等。

二、不良诱惑的危害

不良诱惑有以下几方面的危害：

(1) 伤害人的身体，毒害人的心灵，危害人的身心健康。

(2) 会使人不思进取，放弃对美好的追求，影响个人的进步和发展。

(3) 使人无视法律的尊严，损害他人和社会，走向违法犯罪的道路。

(4) 会败坏社会风气，危害社会治安，影响社会的稳定与安宁。

心灵聚焦

长沙某职校学生小军，在父母和邻居眼中一直是个乖孩子。10 月 17 日是小军 17 岁的生日，小军提出要和自己的好友一起过生日，父母答应了。但是小军的父母做梦也不会想到，儿子当天晚上竟与 12 名同学一起吸毒。长沙市公安局戒毒所有关负责人说，无知好奇、追求刺激是青少年染上毒品的两大主因。

三、中职生易受诱惑的心理因素

中职学生正处于情绪情感的"暴风骤雨"阶段，这一阶段的个体心理具有跌宕起伏、充满矛盾与冲突的发展特点。从生理上来说，中职生正处于青春发育阶段，他们的神经系统和内分泌系统变化剧烈，心理状态不稳定，自控能力较差，容易受到外界不良因素的影响。与成年人相比，中职生的社会经验相对较少，缺乏辨别是非的能力，因而容易上当受骗。从心理上来看，中职生的自我意识不断增强，有自我实现的欲望，他们的求知欲、好奇心强，情绪热烈而冲动，习惯于感性思维，敢于冒险和挑战，模仿力、吸收能力强，而辨别力、判断力和自制力弱，因此更易受到"黄赌毒"等不良诱惑的毒害。

（一）好奇心强

青春期学生的好奇心强，对什么都有着想试一试的冲动。尤其是面对性、毒品以及迷信活动等不良诱惑时，会产生强烈的好奇心理。有时他们明明知道这是不对的，甚至是有害的，却难以控制住自己要试一试的欲望。

（二）虚荣心理

青春期学生的自尊心、好胜心强，他们希望自己成为被大家所喜欢、尊敬或崇拜的人。因此，他们往往希望借助学习、服装、物品及做一些特别的举动来赢取旁人（特别是异性）关注的目光。

（三）模仿心理

青春期学生开始将注意力集中到发展自我、关心自我的存在上来。可是理想自我和现实自我的矛盾又给他们带来了不少困惑，他们便下意识地把自我实现的需要投射到一些自己喜欢和崇拜的人身上，如影视明星、作家、老师、父母、具有权威的同伴等。而在此过程中，学生又缺乏较强的是非判断能力，很容易受到不良诱惑的影响。

（四）消遣心理

一些学生由于精神的空虚，便试图向外寻求寄托，将那些不良诱惑作为消遣的途径。还有一些学生出于学业的压力和生活上的不顺利，也容易将不良诱惑视为发泄的出口。

（五）从众心理

青春期学生发展最迅猛的社会需要是受人尊重的需要、友谊的需要和交往的需要，他们开始疏远成人而热衷于与同伴交往，对同伴倾注越来越多的感情。因此，青春期存在显著的"同伴导向",即个体对于影响有着很强的感受性,同时会更多地向同伴寻求支持、指导。从众行为是青少年"同伴导向"的突出表现。

（六）逆反心理

青春期学生的自我意识强,他们对家长、老师的训斥不敢当面顶撞,被训斥后虽然心里会有抵触但无法发泄,这样的情况学生容易沉溺于一些不良诱惑,来作为一种反抗手段。

❤ 心灵思考

> 传说古希腊有一位海峡女巫,她用自己的歌声诱惑所有经过这里的船只,使它们触礁沉没。智勇双全的奥德赛船长勇敢地接受了横渡海峡的任务。为了抵御女巫的歌声,他想出了一个办法:把船员们紧紧地绑在桅杆上,这样即使他们听到歌声也无法指挥水手;让所有的水手把耳朵堵上,使他们听不到女巫的歌声。最终,船只顺利地渡过了海峡。
>
> 1. 如果奥德赛船长抵制不住歌声的诱惑,结果会如何?
>
> 2. 奥德赛船长靠什么使船只顺利通过了海峡?这个故事说明了什么?
>
> 勇敢的人敢于战胜不良诱惑,聪明的人总能想出各种办法抗拒不良诱惑。
>
> **调查:大家面临的最大的诱惑是什么?**
>
> _____
>
> _____

伴随着经济的发展,抽烟、喝酒这类不良习惯对青少年产生了极坏的影响,甚至"毒老虎"也肆意传播,这些对社会氛围产生了极坏的影响。青少年的人生观、价值观还在成长中,怎样抵御毒品,成了一个十分严峻的命题。

❤ 心灵练习

角色扮演:

周末,小A接到了一个电话,打电话的人是他初中的好朋友,现在在一家KTV里上班,邀请小A到他那里玩玩。

如果你是小 A，你会去吗？

小 A 来到 KTV 后，发现原来不止他朋友一个人，还有好几个他不认识的人，看起来并不像"好人"，因为身上都有很多纹身。他们邀请小 A 一起喝酒。

如果你是小 A，你会参与吗？

小 A 不胜酒量，很快就喝醉了，这时其中的一个人邀请他一起"嗨一下"，小 A 的头很晕，可是他知道那个人手中的东西不是什么好东西。

如果你是小 A，你会答应吗？

故事的结局留给大家自行想象，如果时间可以倒转，小 A 该怎么做才能不摔下万丈深渊？

四、拒绝不良诱惑的方法

（一）拒绝不良诱惑，让心灵充满阳光

为了身心的健康发展，青春期的学生需要提高自身心理素质和自我控制能力，从而提高抵抗外部不良诱惑的能力。我们可以与好书为伴，拓宽兴趣，让心灵与阳光相约。

(1) 从好书中汲取力量。书是人类智慧的结晶，是知识的源泉。读书不仅能陶冶人的性情，还能够激发人的斗志，培养人们积极健康的生活态度。读书会使人找到解决问题的钥匙，使人从寂寞空虚中解脱出来。读的书越多，人的心灵就越充实，生活也就越丰富多彩。

(2) 拓宽兴趣。兴趣是保持良好心态的重要条件。在学习之余，我们可以通过看些好书、写作、画画、享受音乐、参与运动等方式健全个性、陶冶情操。有了健康的兴趣和爱好，心灵就会变得充实，生命也会因此变得鲜活和阳光。一个人的兴趣越广泛，他走上社会后的适应能力就越强。

（二）拒绝不良诱惑，让目标引领人生

(1) 要有目标。无论是学习、生活，还是工作，都要有目标。"没有目标就一定没有成功。"这一铁律不仅适合成人，也同样适合学生。有什么样的目标，就会有什么样的人生。目标比幻想好得多，因为目标是可以实现的，正如空气对于生命一样，目标对于成功也是非常必要的。如果没有空气，就没有人能够生存；如果没有目标，就没有人能够成功。没有目标的人生，就像一叶无人驾驶的小舟，漫无目标地随风飘荡，遇到不良诱惑时就会完全没有了防范能力。

❤ 心灵体验

制定目标的要素

1. 时间性：制定的目标既要有相对长期的远景目标，又要有相对较短期的近期目标。俗话说："穷人精算眼前，富人规划未来。"

2. 特定性：目标要相对稳定，一旦确定，就不要随便更改。

3. 具体性：目标要具体化，避免太笼统，不要将想法当目标。

4. 远大性：目标一定要远大，要让人心热，让人激动，这样才能激发潜能，才会有成就感，才会创造不平凡，才会有价值。

5. 可实现性：目标一定是可以实现的，要有现实可行性，而不是空想。

请同学们拿出一张白纸，思考自己的目标（长期目标和短期目标），写下来后粘贴在自己经常看到的地方以作激励。当我们无聊懒散的时候就看一看，自己的人生是否还有遗憾，目标是否已达成？

(2) 重视行动。"种瓜得瓜，种豆得豆"，只要付诸行动，就一定会有所收获；如果坐着不动的话，就一定会一无所获。在制定目标后的行动中，还要不断地进行自我鞭策，绝不能半途而废。目标设计得再完美，不行动，也只能是空想，空想家永远不可能成功。

（三）拒绝不良诱惑，谨慎交友

有些青少年认为抽烟、酗酒、吸毒等行为是时髦和气派的，这样的行为可以在同龄人或异性面前"显摆"，是高档消费和富有的象征。于是，青少年受"没关系，吸就吸吧，喝就喝吧，玩就玩吧，也不枉来人世""人生在世，吃喝玩乐"这些不正确观念的影响，最终陷入不良诱惑的陷阱中，轻则学业受挫、违法犯罪，重则家业、事业尽毁，甚至搭上性命。

（四）拒绝不良诱惑，让毅力勇往直前

人们事业的成功与否，在很大程度上并不取决于人的智力水平和客观条件，而取决于是否有坚强的意志。在困难与挫折面前，如果你不用坚强的意志拯救自己，那么谁也救不了你。事实上，意志力并非生来就有或者不可能改变的，它是一种能够培养和发展的技能，意志品质主要在实践行动中培养。

人立于天地之间，要有不败自强的精神，不要有依赖他人的习惯和推卸责任的想法。将一切烦恼当作成长的跳板，沉着忍耐，以"有朝一日"来勉励自己前进，默默地吃苦，在自己应走的轨道上前进。实践证明，每一次成功都将使意志力进一步增强。如果你用顽强的意志克服了一种不良习惯，拒绝了一种不良诱惑，那么你就能获取与另一次挑战决斗并且获胜的信心。

（五）拒绝不良诱惑，与法律并肩而行

(1) 认真学习法律知识。法律就像社会生活中的指南针，指引着生活的正确方向；就像竞赛规则，评判着每个人行为的优劣对错；就像巨大的"保护伞"，保护着我们每个人享有自己的合法权益，对一切违法犯罪行为给予公平而严厉的惩处和制裁。

(2) 提高辨别是非的能力。青少年在课堂上掌握的法律知识只有在经过对社会现实的剖析和自己的切身感受后，才能转化为社会认知能力，成为法律意识。

❤ 心灵练习

抵御诱惑问卷（学习生活版）

1. 期末快到了，同学们都在复习，这时电视台播放着你喜欢的电视剧，你会（　　）。

A. 对电视剧忍痛割爱　　　　B. 看完电视再复习　　　　C. 放弃学习，看电视

2. 在寒冷的冬天，你会（　　）。

A. 每天都能按时起床　　　B. 偶尔睡一睡懒觉　　　C. 经常留恋温暖的被窝

3. 自习课上，同学们都在随心所欲地谈天或看小说，你会（　　）。

A. 一心学习　　　　　B. 一边看书，一边和同桌聊天　　　　C. 随心所欲地玩

4. 正做作业时，朋友们喊你去玩，你会（　　）。

A. 委婉地拒绝　　　B. 匆匆忙忙赶完作业，再去玩　　　C. 立即丢下作业去玩

5. 当你心情烦躁，什么事也懒得做的时候，你会（　　）。

A. 坚持当日事当日毕　　　　B. 勉强应付　　　　C. 把今天的任务推到明天

6. 晚上，你在做作业，但有人在打扑克或玩游戏，你会（　　）。

A. 专心致志地学习　　　　B. 心猿意马地做作业　　C. 不做作业，跑出去玩

7. 上课时，你还有一本小说未看完，你会（　　）。

A. 聚精会神地听课　　　　　B. 边听课边看小说　　　C. 聚精会神地看小说

8. 在课堂上，你通常会（　　）。

A. 不管老师在不在都认真学习　　B. 只有老师守着我，才学习

C. 老师盯着我，我也只装装样子，不认真学习

9. 上课时，你的同桌想和你聊天，你会（　　）。

A. 不理他（她）　　　　　B. 漫不经心地应付他（她）　　　C. 和他（她）聊天

10. 当学习和娱乐发生冲突时，你会（　　　）。

A. 马上决定去学习　　　　B. 先娱乐，再学习　　　　C. 尽情娱乐、忘了学习

计分方法：

选 A 计 5 分，选 B 计 3 分，选 C 计 0 分，得分之和与自控能力的关系如下：

45 ～ 50 分为能力很强；35 ～ 44 分为能力较强；25 ～ 34 分为能力一般；15 ～ 24 分为能力较差；15 分以下为能力很差。

学习完本节内容，请写一写对你有诱惑力的事，我们一起来练习和巩固成长型思维吧，请你将相关信息填入表 4-4 中。

表 4-4　不同思维的做法

有诱惑力的事	如果使用固定型思维，我会怎么办？	如果使用成长型思维，我会怎么办？	拥有成长型思维，我会发生什么改变？

学习完本节内容，你印象最深刻的是什么？联系实际生活，你有什么启发？写下来吧，它将让你看见自己的感受与成长，看见自己的反思与力量。

_____

_____

_____

_____

第四节 我会自律使用智能手机

—— 自律自强，合理使用

放下手机，眺望远方，美丽的风景，小小的故事，原来这就是生活中的惬意。

智能手机的普及为我们的生活带来了诸多便利，这不仅体现在通信社交方面，同样也体现在生活娱乐方面，依托智能手机进入千家万户的互联网更是迅速生长，让我们的生活变得丰富多彩。但智能手机也让一些青少年开始沉迷网络、游戏成瘾，导致他们的视力、学习成绩急剧下降。面对这些问题，我们应该怎么办呢？

一、智能手机是一把双刃剑

美国皮尤研究中心在 2019 年做了一项调查，主要是针对美国本土青少年使用智能手机的情况进行的。调查显示，几乎所有美国青少年 (95%) 都拥有智能手机，并且可以随意使用，其中 45% 的人说他们"几乎一直"在线，离不开智能手机。韩国对于智能手机的调查也一直持续着，根据韩国国家信息社会署的报告，智能手机成瘾率从 2015 年的 16.2% 上升到 2017 年的 18.6%。根据 EMI 和 Star Statistical Consulting 的调查，国内超过 60% 的青少年认为自己的朋友对手机上瘾，且这种上瘾率在逐年增长。

过度使用手机的危害主要包括生理和心理两方面：

(1) 生理上的危害。智能手机产生的辐射对人体具有一定的伤害，虽然很小，但是长期使用会对人体的各个系统造成损伤，比如破坏人体的蛋白质免疫系统，出现免疫力下降、触屏指、疲劳、睡眠障碍、神经紧张、头疼头晕、注意力不集中、颈部疼痛、视力模糊、虹膜和免疫系统的功能问题以及对耳膜、手腕、颈部和关节的损伤等。除此之外，过度使用手机与青少年的肥胖发生率存在正向相关关系。智能手机成瘾会让人在一个地方待很长一段时间，保持同一个姿势，一般为坐着或躺着，这样大大降低了运动的欲望，并且使人易产生疲劳感，增加了肥胖的可能性，从而引发一系列的疾病。

(2) 心理上的危害。手机依赖对于使用者的心理层面也会造成不同程度的影响，其中包括焦虑、冷漠、抑郁等。研究表明，部分学生会因不能使用手机而烦躁，因信号中断等现象而暴躁，且手机成瘾者会表现出更强烈的抑郁情绪，人际关系也会变得糟糕，致使其焦虑状况加重。不仅如此，手机依赖还会影响人际交往的质量，导致人际关系破裂，这也直接导致了其负性情绪(如沮丧、悲伤、紧张、焦虑)的增加。手机成瘾者的主观幸福感降低，同时对当前生活状态的满意度下降。与一般手机使用者对比，手机成瘾者易陷入孤独和空虚的状态。

❤ 心灵体验

近来，有专家建议，应该禁止16岁以下的学生使用智能手机。针对青少年在使用智能手机时出现的一些问题，海南师范大学地理与环境科学学院院长赵志忠建议，尽快立法禁止16岁以下的中小学生使用智能手机。以海南为例，海南省基础教育本来就十分薄弱，如果不尽快立法，基础教育还会发生滑坡，与其他省的差距将会继续拉大。

在具体实施方面，学校应把好执行关，加强宣传教育，加大检查和管理力度，建立智能手机统一管理制度。家长尽量不要为16岁以下的青少年购买智能手机，并且严格控制学生在家玩智能手机的时间。立法禁止中小学生使用智能手机之后，可以使用替代品进行通话联系，比如一些功能机或者儿童手表等。

针对专家建议禁止16岁以下的青少年使用智能手机的倡议，大家怎么看呢？

_____

_____

我们不妨来亮一亮自己的观点，开展一次观点辩论赛吧。

正方：中职生使用智能手机弊大于利

反方：中职生使用智能手机利大于弊

二、手机成瘾的心理特点

我国居民手机成瘾的年龄多为15～40岁，24岁以下的人群占手机成瘾总人数的51%。专家分析具有以下5种心理特点的青少年易成为手机成瘾的易感者。

一是求知欲望强烈，追求时尚。一些青少年认为通宵上网、玩网络游戏是当代时尚青年的必修课，不玩网络游戏就没有与同学交流的谈资，听到同学、朋友大谈网络的乐趣而自己插不上嘴则会感到尴尬。当青少年还没有培养起有益身心的兴趣爱好或没有能力从事其他的文娱活动时，网络便乘虚而入。

二是强烈的自我实现欲望。网络游戏的高技巧性、复杂性使网络游戏者能获得在现实生活中不易获得的成就感、力量感和自尊感；匿名带来的多种身份可以使上网者卸掉伪装，肆意宣泄自己潜在的攻击、愤怒乃至仇恨的情绪，展示在现实生活中难以表现的一面，充分张扬自我。

三是青春期性心理尚不成熟。青少年的性生理功能的发展自然会使其产生性冲动和欲望，但因缺乏科学的引导，他们因不能从有效途径接受科学的性知识和心理调节，而容易在网络中寻求感官刺激，满足性心理、生理的需求，导致他们频频光顾一些不健康的网站。

四是青少年还未学会正确地应对现实中的困难和挫折。不少青少年沉迷于网络往往是因为在现实生活中遇到了困难或挫折，如家庭不和、对新环境适应不良、成绩下降、与恋人分手、与朋友吵架，受到委屈等，并且他们因为缺乏应对困境的方式和资源以及解决问题的勇气和信心，所以不去积极处理和解决自身的问题或采用较为有益身心的方式进行调节，而是借助上网来摆脱烦恼，从而沉迷于网络。

五是部分青少年因为缺乏工作、学习与生活的目标，所以在受到同学、朋友的邀请或偶尔上网后便容易沉迷于网络，虚度光阴。

❤ 心灵思考

哪些学生容易沉迷于智能手机

1. 学习失败的学生。由于家长、老师对学生的期望过于单一，把学习成绩作为评价学生的唯一标准，导致有些学生在学习中一遇到困难就会产生很强的挫败感，使其自尊心受挫、自信心下降。但是在网络游戏中，学生们很容易体验到成功，只要闯过游戏的任何一关，就可以得到相应的奖励，这种成就感是他们在现实的学习、生活中很难体验到的。所以，他们很容易沉迷于网络。

2. 家庭关系不和谐的学生。随着离婚率的提高，"问题家庭"也在增多。来自离异家庭的学生的正常心理需要不能得到满足，如无法得到理解、接纳、关心、温暖、爱护，于是，他们就会转而在网络中寻求满足。在网络上，他们提出的任何小小的请求都会得到不少人的帮助，现实生活和网络社会在人文关怀方面的反差，很容易让他们"躲"进网络，逃离现实。

3. 人际关系不好的学生。很多学生因为性格内向、猜忌心强等性格特点，从而与同学相处不融洽，他们往往通过上网逃避这个问题，反而导致学习和生活受到影响。

4. 自制力差的学生。不少手机成瘾者都存在自制力差这个问题，手机成瘾者明知道长时间玩手机不好，也不想继续这样，但是一碰到手机他们就情不自禁，这是自制力差的典型表现。所有人的生活都要面对很多选择，如什么是对、什么是错，什么该做、什么不该做，面对诱惑，学生一方面需要靠智慧，另一方面需要靠自制力做出选择。

三、自律使用手机

（一）培养兴趣爱好

大部分存在手机依赖问题的个体时常会感到空虚和无聊，而这种负面情绪状态又会加重对手机依赖的程度，因此培养积极健康的兴趣爱好就显得十分重要。这个兴趣爱好可以是画画、打篮球、唱歌或跳舞，也可以是弹吉他、写书法、健身或看文学作品等。个体将自己的空闲时间用在兴趣爱好上，那么用在手机上的时间自然就会减少。

（二）建立积极的友谊

手机依赖严重者往往伴随着自律的丧失，上进心的消磨。所以我们应该与阳光积极的同学做朋友，与这样的同辈在一起学习生活，自己也会慢慢地变得阳光开朗，逐渐减少使用手机的频率，这在心理学中叫作"同辈效应"。和朋友在一起不仅可以排解孤独和空虚的单调时光，还可以相互学习，共同进步，成为更好的自己。

（三）自我约束时间

假如一周有4个小时可以使用手机，你可以将4个小时分散到每一天，也可以集中到周末使用。你可以用手机来查阅资料或进行线上阅读，也可以自由安排，比如用手机来聆听歌曲或浏览新闻等。如果一周用手机的时间超过4个小时，就要做好替换计划，浪费在手机上的时间应该如何弥补？要么去多做一份数学练习，要么延长自己的读书时间，要做到言必行，行必果。

（四）试着独立思考

请为自己制定一个清晰的目标，哪怕是短期目标，比如规定自己解难题时独立思考，坚决不看手机。当用手机消遣娱乐时，我们需要思考的是手机带给我们片刻的娱乐外，更多的是侵蚀了我们的时间和精力，长时间使用手机是一件得不偿失的事，希望我们保持独立思考的习惯，告诫自己不要被一个工具（手机）耍得团团转。

❤ 心灵聚焦

　　昨晚爸爸下了命令："除了必要的事，其他时间不要玩手机。"正在用手机刷朋友圈的我起初有点不愿接受，但也没有顶嘴反对。通过跟爸爸的交流，我认识到手机的确干扰到我们太多的生活。一群人出去吃饭，饭菜上来之前，大部分人都会玩起自己的手机，你看甲在玩，也拿起手机来，乙看你们不说话，也没了兴致，丙也就随手掏出手机……本是培养感情的聚会，变成了面对面的手机聚餐。我想，当夜深人静，手机没电的时候，我们难道不会想念当初谈笑风生的画面吗？

　　我从心底支持我爸的提议，但我也明白作为工具手机对我的重要性，我要尽所能地让它为我所用，而非让自己成为它的奴隶。我要用它写作、学英文、看小说，我应该尽可能地屏蔽掉朋友圈，不让那里的虚荣繁华动摇我学习的上进心，不要让攀比和嫉妒出现在我的思想中。我要正确地使用手机，让自己真正成为手机的主人。

　　阅读案例后，根据自身情况完成以下任务：

1. 记录周末使用手机的具体情况。

_____

_____

2. 画出使用手机的饼状图(如查阅资料、消遣娱乐、沟通聊天等)。

3. 合理分析自己对手机的使用状况，如果觉得自己使用手机过度了，应该做哪些调整？

_____

_____

（五）注重坚持行动

坚持行动可以形成良好的自律习惯，可以引导我们拥有更好的生活，那么我们该怎样去坚持行动呢？

(1) 制定 21 天计划。我们可以做好一个期限为 21 天，每天 3 件事的计划。比如你计划早睡早起或者运动、读书等，把这几件事记在本子上，每天只要完成了就打一个钩。当然你也可以借助一些 App 或公众号，比如每天的早起打卡，我们可以在奔跑帮、悦跑圈等众多 App 中选择一个。建议工具少而精，重要的还是人的自律，过于依靠软件也是在培养惰性，培养时间观念通常只需一个手机闹铃就可以解决问题了。

(2) 相互监督。你可以寻找一些同伴和你一起进行运动或学习打卡，起到互相监督、互相影响、互相鼓励的作用。只要 21 天，咬咬牙，坚持 21 天后运动或学习就是你自己的习惯了。

(3) 检查 (自省) 计划完成情况。养成自省的习惯，每天去检查自己计划完成的情况，每隔 21 天或一个月总结一次。例如，睡前问问自己：今天做了什么？该做的做了没有？明天做什么？简单地说，就是要形成"计划→执行→检查→再采取行动"的自我循环管理。

如果你能坚持 21 天，你就会变成一个完全不同的自己，你可能已经形成了新的习惯，可能在技能上得到了提升，可能拥有了健康的身体。总之，你把自己换新升级了。

❤ 心灵练习

科学家总结出了 20 道题，大家不妨自测是否有"手机上瘾症"。每道题的评分范围为 1 ~ 7 分，其中 1 分为非常不认同，7 分为非常同意。

1. 如果智能手机不能随时浏览信息，我会感到不舒服。

2. 如果无法通过智能手机搜索信息，我会感到气恼。

3. 如果智能手机无法查看新闻 (比如事件、天气等)，我会感到焦虑。

4. 如果智能手机的某些功能出现问题，我会感到气恼。

5. 如果手机没电了，我会觉得很可怕。

6. 如果手机余额即将不足或数据流量将耗光，我会抓狂。

7. 到了一个地方后，我首先会查看是否能连上 Wi-Fi。

8. 如果智能手机无法使用，我会担心被困在某地。

9. 如果有一段时间无法翻看手机，我就会产生更强烈的看手机欲望。

（以下测试题是假设你没有带手机时，是否会出现的状况。）

10. 我无法随时打电话给家人或朋友，因此会感到焦虑。

11. 家人或朋友无法找到我，我会感到担心。

12. 我不能接收短信或电话，会感到紧张。

13. 家人或朋友无法一直保持联系，我会焦虑。

14. 无法确定是否有人找我，我会感到紧张。

15. 同家人和朋友的联系将中断，我会感到焦虑。

16. 无法随时与网友联系，我会感到紧张。

17. 无法从社交媒体和网络世界获取最新资讯，我就会感到紧张。

18. 不能及时收到通知或提醒，我就会感觉不方便。

19. 不能接收查看邮件信息，我会感到焦虑。

20. 不知道去做什么，所以感觉很别扭。

评分标准：

得分为 40～60 分，有轻度"手机上瘾症"；得分为 60～100 分，中度"手机上瘾症"；得分为 100 分以上，则患有严重手机上瘾症。建议有轻度或中度手机上瘾症的人每天规定自己在一定的时间内不使用手机，而是用固定电话，或尽量把手机转接到固定电话上，增加一些与朋友或家人面对面沟通的机会。坚持一段时间后就可以摆脱"手机上瘾症"了，如果对手机严重依赖，最好与心理老师谈一谈。

随着科技的飞速发展，手机已然成为我们生活的一部分。手机在给我们带来便利的同时，也造成了一些依赖症。它剥夺了亲人之间的情感，影响了人与人之间面对面的交流，尤其是对正处于青春期的我们，造成了很大的困扰。对此，我们应该正确认识手机，合理使用手机，学会做手机的主人，让手机真正地为我们所用。

学习完本节内容，反思手机给你的学习生活带来的影响，我们一起来练习和巩固成长型思维吧，请将相关信息填入表 4-5 中。

表 4-5 不同思维的做法

手机的影响	如果使用固定型思维，我会怎么办？	如果使用成长型思维，我会怎么办？	拥有成长型思维，我会发生什么改变？
正面的影响			
负面的影响			

　　学习完本节内容，你印象最深刻的是什么？联系自己的实际生活，有什么启发？写下来吧，它将让你看见自己的感受与成长，看见自己的反思与力量。

_____

_____

_____

_____

第五章 我的情绪我负责

本 章 概 述

中职生正处于青春期后期。俗话说，16岁的花季，17岁的雨季。在这个特殊的年纪，中职生的心理有鲜明的特点，常常会陷入既渴望独立又不得不依赖父母的矛盾中，情绪波动比较大。几乎人类所具有的情绪，在中职生身上都可以得到充分的体现。随着他们自我意识的不断发展，各种新的需求强度不断增加，其情绪也日益丰富起来。他们追求独立感，他们的自尊心和好胜心也变强；但同时他们容易产生自卑、自负等情绪。所以帮助中职生认识情绪，了解情绪背后的真正需求，掌握一定的情绪调控方法对他们的成长很重要。本章重点介绍情绪ABC理论，通过学习该理论来充分了解情绪，从而做情绪的主人。

第一节　我识情绪世界，接纳情绪万花筒

——识别情绪，接纳情绪

> 世界如一面镜子：你皱眉视之，它也皱眉看你；你笑着对它，它也笑着看你。
>
> ——塞缪尔

青春期的我们，情绪变化多端，

时而开心，时而愤怒，

开心的时候像只猴子一样活蹦乱跳，

愤怒的时候像只棕熊一样暴跳如雷；

时而忧伤，时而害怕，

忧伤的时候像只泄了气的皮球一样耷拉着脑袋，

害怕的时候像只刺猬一样缩成一团。

无论何种情绪，我们都接纳，

情绪时时刻刻伴随着我们，

让我们的生活更加丰富多彩。

一、情绪的功能

（一）适应功能

情绪是有机体适应生存和发展的一种重要方式，情绪也是人类早期赖以生存的手段。例如，原始人通过愤怒情绪吓退敌人；婴儿感觉到饿了或者身体不适时就会哭，以此来寻求关注。

（二）动机功能

情绪是动机的源泉之一，是动机系统的一个基本成分。它能够激励人的活动，提高人的活动效率。

（三）组织功能

情绪是心理过程的检测者和心理活动的组织者。情绪的作用具体表现为积极、正面的情绪对其他活动有协调、促进作用；消极、负面的情绪对其他活动起破坏、阻碍作用。

（四）信号功能

情绪使人们对环境的认识、态度和观点更具有表现力，它在人际交往中往往起传递信息的信号作用。例如，微笑表示赞许或鼓励，点头表示默许或满意。

❤ 心灵体验

游戏规则：

1. 所有同学都蹲下，扮演鸡蛋；

2. 同学们相互找同伴猜拳（石头剪刀布），获胜者进化为小鸡，可以站起来；

3. 然后小鸡和小鸡猜拳，获胜者进化为凤凰，输者则退化为鸡蛋；

4. 继续游戏，看看谁是最后一个变成凤凰的。

鸡蛋左右摆脑袋，嘴里说"呜呜呜"；小鸡前后摆脑袋，嘴里说"鸡鸡鸡"；凤凰双手做展翅动作。

提问：在 PK 时，当你赢了对手是什么体验，当你输了又是什么体验？整个活动进行下来你的心情如何？

_____

_____

二、情绪的定义和状态

（一）情绪的定义

情绪是人对客观事物的态度体验及相应的行为反应。个体的愿望和需要是人的情绪产生的根源和基础。当客观事物或情境能够满足人的需要和愿望时，就会使人产生积极的、肯定的情绪。当客观事物或情境不能满足人的需要和愿望时，就会使人产生消极的、否定的情绪。

（二）情绪的状态

情绪状态是指在某种事件或情境的影响下，在一定时间内所产生的某种情绪状态，主要有心境、激情和应激等三种。

(1) **心境**。心境是指人比较平静而持久的情绪状态。心境对人的生活、工作、学习和健康有很大的影响。积极向上、乐观豁达的心境可以提高人的活动效率，增强人的信心，使人对未来充满希望，有益于健康；消极悲观的心境会降低人的认知活动效率，使人丧失信心和希望，经常处于焦虑状态，有损于健康。

(2) **激情**。激情是一种强烈的、爆发性的、为时短促的情绪状态。这种情绪状态通常是由对个人有重大意义的事件引起的。例如，重大成功之后的狂喜 (如奥运会获得冠军)、惨遭失败后的绝望 (如创业失败)、亲人突然死亡引起的极度悲哀、突如其来的危险所带来的异常恐惧等等，都是激情状态。

(3) **应激**。应激是指人对某种意外的环境刺激所做出的适应性反应。例如，当人们遇到某种意外危险或面临某种突发事件时，人们必须集中自己的智慧和经验，动员自己的全部力量，迅速做出选择，采取有效行动，此时人的身心处于高度紧张的状态，这种状态即为应激状态。

♥ 心灵练习

人的基本情绪有四种——喜怒哀惧，请认真观察图 5-1 来认识情绪。

(   )   (   )   (   )   (   )

图 5-1　情绪

同学们可以在网上观看小视频《认识基本情绪》和《三国外传——情绪控制大法》来感受情绪的万花筒。

三、情绪的外部表现

表情是情绪的外部表现，它是在情绪发生时身体各部分的动作的量化形式，包括面部表情、姿态表情和语调表情。

面部表情是所有面部肌肉变化所组成的模式，能精细地表达不同性质的情绪，是鉴别情绪的主要标志。人的眼睛是最善于传情的，不同的眼神可以表达人的各种不同的情绪。

姿态表情是指面部表情以外的身体其他部分的表情动作，包括手势、身体姿势等。人在不同的情绪状态下，身体姿势会发生不同的变化，如高兴时会捧腹大笑，紧张时会坐立不安等。手势经常和语言一起使用，如手舞足蹈等手势表达高兴的情绪。

语调表情是通过言语的声调、节奏和速度等方面的变化来表达的，如朗朗笑声表达了愉快的情绪，而呻吟声表达了痛苦的情绪。

❤ 心灵体验

你演我猜

准备好一系列的情绪卡片（如图5-2所示），以两人一组（一个人只能用面部和姿态表情演绎，另一个人来猜对方表现的情形）的方式来考验同学们的默契程度。

图5-2　情绪卡片

接受采访：你们配合这么默契的秘诀是什么？

_____

_____

四、健康情绪的标准

要调控自己的情绪，首先要了解什么样的情绪是健康的。情绪健康的标准包括情绪的形成原因、持续时间、长期稳定状况等。

（一）情绪有适当的形成原因

一定的事物引起相应的情绪是情绪健康的标志之一。情绪是由各种不同的原因引起的，如高兴是因为有喜事，悲哀是遇到了不愉快或不幸的事件。

（二）情绪的作用时间随客观情况而变化

当引起情绪的因素消失之后，个体的情绪反应也逐渐消失。例如，有的同学因上课迟到被老师严厉批评时，他会感到愤怒和委屈，但事情过后他会慢慢地调节过来。如果长期处于生气、难受、不能自拔的情绪状态，就是情绪不健康的表现。

（三）情绪持续稳定

情绪稳定表明个体的中枢神经系统活动处于相对平衡的状态，反映了中枢神经系统活动的协调。如果一个人情绪不稳定，喜怒无常，这也是情绪不健康的表现。

（四）心情愉悦平静

心情愉悦是情绪健康的重要标志，愉悦表示个体的身心活动是和谐与满意的，以及个体的身心处于积极健康的状态。一个人经常情绪低落，总是愁眉苦脸、心情苦闷，则可能是心理不健康的表现，要注意自我调节。

心灵聚焦

寻找快乐的年轻人

一群年轻人到处寻找快乐，但是却遇到许多烦恼、忧愁和痛苦。于是，他们询问老师苏格拉底，快乐到底在哪里？

苏格拉底说："你们还是先帮我造一条船吧！"

年轻人们暂时把寻找快乐的事儿放到一边，找来造船的工具，用了四十九天，锯倒了一棵又高又大的树，挖空树心，制成了一条独木船。

独木船搬下水后，年轻人们把老师请上船，一边合力荡桨，一边齐声唱起歌来。苏格拉底问："孩子们，你们快乐吗？"

年轻人齐声回答："快乐极了！"苏格拉底道："快乐就是这样，它往往在你忙于做事情时突然来访。"

五、情绪的自我觉察

❤ 心灵思考

1. 觉察自己一天的情绪，回答下列问题：

(1) 今天从起床到现在，你都产生过哪些情绪？

_____

(2) 选择其中最强烈的一种情绪，想想它是怎样产生的？

_____

(3) 产生这种情绪后，你做了什么，说了什么，你的行为产生了什么结果？

_____

(4) 最后，这个结果是建设性的还是破坏性的？（有何启示？）

_____

2. 快乐的真谛是什么？（结合自己的切身体验）

_____

_____

不管是积极情绪还是消极情绪，都有其自身的作用，无论如何，情绪都是我们切身的体验和感受，我们都需要接纳。在接纳情绪的基础上，如果是积极情绪，我们可体验其带来的积极影响；如果是消极情绪，那么它就是在提醒我们该调整自己的状态了，我们需要分析是什么事情导致了消极情绪，然后适当调节和改变这种情绪。

❤ 心灵练习

测测你的脾气

指导语：下面有 7 种不同的情境，每一种情境都有 5 种不同的反应和处置态度。请你仔细阅读每一种情境下的 5 种反应情况，根据自己的实际情况做出选择。

1. 假如你和家人约好坐火车去外地旅行，约定的时间已经到了，可其中一人还未准备好行李，你会怎样反应？

A. 我会怪他不顾大家的约定，并且对他说："你真让我们扫兴。"

B. 我会默不作声并帮他整理行李。

C. 我会顺其自然，希望能赶得上火车。

D. 我会说："迟一点，总比失约好。"

E. 我会说："你老是这样，我们要先走了，你随后自己来吧。"

2. 假如你到一家商店买东西，店内的售货员对你不理不睬，却热情招待后面来的顾客，你将怎样？

A. 我会对他说："我是先来的，请你先招待我。"

B. 我会静静地站在一边，等售货员自己来招呼我。

C. 我会觉得焦虑不堪，会另外再找一名售货员。

D. 我会将现场情形报告给商店经理。

E. 我要设法让售货员知道，我在等待他招呼我。

3. 如果有一天晚上，你家有客人光临，你的小弟弟却迟迟不愿去睡觉，你打算怎么办？

A. 我会强行（如打骂）让他去睡觉。

B. 我会责怪他，并拿掉他的糖果，或他喜欢的东西以示惩罚。

C. 我会详细向他解释赶快去睡觉的原因。

D. 我会尽量用和善的方法催促他去睡觉。

E. 我虽然内心焦急，却不露声色。

4. 假如你在驾车，有一辆汽车抢在你的前面，几乎要和你相撞，你打算怎样？

A. 我会避让，然后平静地继续开车。

B. 我会大声吼他："你急什么？"虽然我明知他未必听得见我的话。

C. 我会让自己被扰乱的情绪平静下来。

D. 我会一路按着喇叭跟着他的车走。

E. 我会对车内的同伴说："这种无赖真让我发火。"

5. 假如你在一家高级饭店宴客，却发现菜的质量糟糕透了，招待也不周到，那么你会怎样？

A. 我会风趣地对我的客人说："今晚这家饭店大概要休息，不想做生意了。"

B. 我会向友人道歉。

C. 我会很不客气地警告饭店管理人员。

D. 为表示我的不满意，我不给小费，或给得很少。

E. 我会找经理理论，并要求给我一个满意的答复。

6. 假如你的邻居在深夜仍把收音机的音量开得很大，影响了你的睡眠，你会怎样？

A. 我会觉得很愤怒，但不准备有任何举动。

B. 我会打电话给邻居，请他顾及别人，将音量调低。

C. 我会安慰自己忍受下去，并希望能听到自己喜欢的音乐。

D. 我会过去对邻居吼道："关掉你的收音机！"

E. 我会设法让自己睡觉，要不就起床看看书。

7. 假如朋友已经很了解你对一件事情的意见，有一天他来你家聊天时却反对你的意见，你会怎样？

A. 我会尽量避免与他争辩，让他去发表自己的意见。

B. 我会感到不服气，一定要和他辩论个水落石出。

C. 我会原谅他，不和他计较，并且敷衍他。

D. 我会向他说："你的意见也是不合理的。"

E. 我虽然会觉得无趣，但决不把我的感觉表示出来。

计分标准：

请你对照表5-1，找出每一题相应的得分，然后把得分加起来，总分对应的分值区间便能反映你的脾气急躁或温和的程度。

表5-1　计　分　表

选项 \ 题号	1	2	3	4	5	6	7
A	2	3	1	5	5	2	5
B	4	5	2	1	4	3	2
C	2	3	1	5	5	2	5
D	3	1	4	2	3	1	1
E	2	3	1	5	5	2	5

解释：

若总分在18分以下，脾气属急躁；若在19～28分之间，则脾气较为正常；若在29分以上，脾气属缓和温顺。(温馨提示：本小测试仅供参考)

♥ 心灵拓展

1. 情绪词汇库(包含24种基础正面情绪和48种基础负面情绪)

狂妄　委屈　孤独　平静　满足　疲惫　震惊　思恋　惊讶　无聊　愉悦　忧郁
欢欣　自信　仇恨　恐惧　内疚　惭愧　暴躁　无力　镇定　伤心　丢脸　坚决　受伤
崩溃　快乐　感激　生气　警惕　沉着　轻蔑　平和　发愁　沮丧　紧张　惊喜　舒适
担忧　难过　困窘　怀疑　厌恶　羡慕　好玩　无奈　害羞　矛盾　亏心　钟情　心烦
抓狂　兴奋　嫉妒　焦虑　幸福　期待　歉疚　愤怒　解脱　得意　安全　痛苦　自卑
悲痛　憧憬　憔悴　失落　疑惑　反感　被拒绝　不知所措

2. 情绪电影推荐《头脑特工队》

打卡一周：我的情绪观察日记

请同学们每天打卡记录当天发生的某些事，把自己当时的感受用情绪词语描述出来，填入表5-2中。

表5-2　打卡记录

日期	今天发生什么事？	我的情绪有哪些？
周一		
周二		
周三		
周四		
周五		
周六		
周日		

结合本节所学内容和你的思考，写一写、练一练，将相关信息填入表5-3中。

表 5-3　不同思维的做法

今天，我的不同情绪	如果使用固定型思维，我会怎么办？	如果使用成长型思维，我会怎么办？	拥有成长型思维，我会发生什么改变？

　　学习完本节内容，你印象最深刻的是什么？联系实际生活，你有什么启发？写下来吧，它将让你看见自己的感受与成长，看见自己的反思与力量。

_____

_____

_____

_____

第二节　我会管理情绪，明了情绪 ABC

——我与情绪，相处有道

人不是因为快乐才笑，而是因为笑了才快乐。活得快乐的是那些懂得笑口常开的人。

——心理学家威廉·詹姆斯

快乐，是个满世界讨人喜欢的甜蜜精灵。追求快乐，是人类与生俱来的天性与原始本能。我们喜欢快乐的生活，真正的快乐天堂就在我们自己的心中。

♥ 心灵聚焦

图 5-3　测试图片

从图 5-3 中，你看到了什么，你的情绪有何变化？

一、情绪管理的意义

情绪管理是指通过对自己情绪的觉察和调节以实现对自身情绪的把握的能力。情绪管理是为了让情绪得到适度的表达，以培养驾驭情绪的能力，确保个体和群体保持良好的情绪状态。管理好我们的情绪有助于我们的身心健康。当积极情绪多于消极情绪时，我们会感受到人间的美好。

♥ 心灵体验

"抓" 快 乐

指导语：小组内的同学围成一个圈，每位同学的左手伸出食指，右手伸出手掌，掌心向下；各位同学把左手食指放到前面同学的掌心下，右手手掌则轻轻地握住，形成一个圈；同学们一同听老师读一篇文章《感悟快乐》，当听到"快乐"两个字时，请同学们一边用右手迅速地去抓别人的食指，一边自己的食指要迅速逃跑；一次抓完后要迅速恢复原样。

全班同学分组参与活动，分享活动后的感受：抓住"快乐"是什么感受？没有抓住是什么感受？被人抓住是什么感受？顺利逃脱是什么感受？

_____

_____

_____

二、情绪 ABC 理论的概念

情绪 ABC 理论是由美国心理学家阿尔伯特·埃利斯在 20 世纪 50 年代首创的理论，其认为 A(Activating event 的第一个英文字母) 代表诱发事件，B(Belief 的第一个英文字母) 代表信念，指人对 A 的信念、认知、评价和看法，C(Consequence 的第一个英文字母) 代表情绪和行为后果，如图 5-4 所示。

埃利斯认为诱发事件 A 只是引发情绪和行为后果 C 的间接原因，而引起 C 的直接原因则是个体对诱发事件 A 的认知和评价而产生的信念 B。同样的诱发事件 A 发生在不同的人身上会引起不同的行为后果 C，主要是因为他们的信念 B 有差别，即人们对事物的看法不同，会引起行为和情绪的不同。

人们可以通过将消极的想法转变为积极的想法的方法，来使消极情绪转变为积极情绪。

"人不是为事情困扰着，而是被对事情的看法困扰着。"

——埃利斯

图 5-4　情绪 ABC 理论

三、情绪 ABC 在生活中的表现

❤ 心灵聚焦

别让失去带走我们的快乐

一天下午，晚霞映照在轮船的甲板上，一位老人正坐在那里看报纸。这时突然刮起了一阵风，把老人新买的帽子吹了起来，当他抬起头时，帽子已经落入海中。船依旧在前进着，只见老人用手摸了摸自己的头，又继续看起报纸来。

旁边的一个小水手迷惑不解地问："先生，你的帽子被刮入大海了！"

"是的，谢谢你的提醒！"老人仍继续看报。

小水手着急地说："可那帽子值几十美元呀！难道你就不着急吗？"

"我正在考虑怎样省钱再买一顶，帽子丢了，着急又有什么用呢？它还能再回来吗？"说着，那人又继续看报纸了。

是的，失去的已经失去了，又何必为之大惊小怪，去白白地浪费情绪呢？

点拨

小水手和老人不同的想法导致了不同的情绪体验。

我们失去了的东西，就让它失去吧，既然已经无法挽回，又何必再让它带走我们的快乐呢？如果想去挽回已经无法挽回的事物，可能这就是我们痛苦的来源吧。

图 5-5　半杯水

观察图 5-5，回答问题：

1. 同样面对半杯水，他们分别产生了怎样的情绪反应？

_____

2. 同样面对半杯水，他们为何会产生那么截然不同的情绪反应呢？

_____

3. 同样面对半杯水，他们是先产生情绪，还是先产生想法？

_____

四、情绪 ABC 理论的实际应用

♥ 心灵体验

指导语：情绪 ABC 理论告诉我们，当产生负性情绪时，我们可以通过改变想法来转移负性情绪，请每位同学填写"移'情'别'恋'情绪转化单"，并在小组内分享自己的转化成果，最后各组派代表分享观点。

移"情"别"恋"情绪转化单

事件 (A)：_____

感受 (C)：_____

为你产生过的最强烈的负性情绪 (从 0 ～ 10) 进行打分，分数越高表明负性情绪越强烈。

0 1 2 3 4 5 6 7 8 9 10 （直接用笔在上面画圈即可）

虽然：_____

但是：_____

有可能 (B)：_____

当你转变想法之后，再对此情绪程度 (从 0 ～ 10) 进行打分。

0 1 2 3 4 5 6 7 8 9 10 （直接用笔在上面画圈即可）

小组互助

请组内同学帮你想还有哪些"有可能"。当你转变想法之后，再对此情绪程度从 0 ～ 10 进行打分，最后找出最有效的那个"有可能"。

有可能：_____

0 1 2 3 4 5 6 7 8 9 10 （直接用笔在上面画圈即可）

有可能：_____

0 1 2 3 4 5 6 7 8 9 10 （直接用笔在上面画圈即可）

有可能：_____

0 1 2 3 4 5 6 7 8 9 10 （直接用笔在上面画圈即可）

五、情绪知识拓展 —— 情绪感染

　　大多数研究者认为，情绪感染是由他人情绪引起的并与他人情绪相匹配的情绪体验，是一种情绪传递的过程。在日常生活中，情绪感染的情况真是数不胜数，例如，小军正坐在桌子旁沉闷不语，这时候小红正好面带微笑走过，小军目不转睛地看着小红，脸上的愁苦逐渐变成微笑，不一会儿就忘记自己为啥愁苦了。从情绪感染的概念可知，我们在学习生活中要多结交积极阳光的朋友，跟他们在一起时间久了，我们也会逐渐变得阳光开朗。

　　心理学家詹姆斯曾说："不是因为快乐了才微笑，而是因为微笑了才快乐。"当我们处于情绪低落的时候，可尝试着展露微笑，也可以与喜欢微笑的人一起相处，这样我们就可以被微笑所感染，走出负面消极的情绪。

心灵思考

1. 请同学们观看小视频《坏情绪会传染——踢猫效应》，思考自己在生活中是否也出现过这样的现象，并与同学进行交流分享。

2. 如果我们去餐厅吃饭，那么是否有很多条路可以走。做事也是一样的道理，每件事都有很多种可能，我们多想想其他的办法，就能让情绪慢慢地平复。接下来让我们在《我感恩，几米的逆向思考》中找回自己快乐的钥匙。

心灵练习

你了解情绪 ABC 理论吗？试试看，请根据题目的提示，将表 5-4 的空白处填满。

表 5-4　情绪 ABC 理论测试表

事件 A	想法 B	情绪 C
要和同学一起去郊游	B1：没适当的衣服穿 B2：不知穿哪件好	C1：觉得烦恼 C2：
要期末考试了	B1： B2：	C1：觉得很快乐 C2：
球赛输了	B1： B2：	C1：十分沮丧 C2：
好朋友不借作业给我抄	B1： B2：	C1：愤怒 C2：
数学考了50分	B1： B2：	C1：担心 C2：

说明：空白的地方请同学们进行补充。希望每一位同学在生活学习中积极地用成长型思维，做一个不断成长的人！

❤ 心灵拓展

通过以上练习，我们会发现，让人们产生不同的情绪反应的往往不是所发生的事情本身，而是我们对这件事的解释和看法。事情本身无所谓好与坏，我们依照自己的主观喜好和价值观，才会产生种种所谓的烦恼与困扰的情绪反应。积极思维和消极思维的对比如表5-5所示。

表5-5 积极思维和消极思维的对比——用成长型思维来看待问题

消极思维的人	积极思维的人
在问题面前束手无策	想办法解决问题
心灵是封闭的	头脑是开放的
观念是陈旧的	观念是崭新的
只说不做	语言后面跟着行动
看结果做事	看趋势做事
只看消极与失败的一面	先看积极和光明之处
在失败面前找借口	在失败之后找原因
字典中总有"不可能"	字典中没有"不可能"
不愿合作，不会利用人际关系	喜欢与人合作，会利用人际关系
目光短浅，斤斤计较眼前得失	目光远大，不会计较一时之利益
总觉得时间富裕，无所事事	总觉得时间不够用，忙于做事
总想休息，工作并痛苦着	热爱事业，快乐地工作着

❤ 课后延伸

打卡一周：移"情"别"恋"情绪转化单（作业）

事件 (A)：＿＿＿＿＿＿＿＿＿＿＿＿＿＿＿＿＿＿＿＿＿＿＿＿＿＿＿＿＿＿＿

感受 (C)：＿＿＿＿＿＿＿＿＿＿＿＿＿＿＿＿＿＿＿＿＿＿＿＿＿＿＿＿＿＿＿

为你产生的最强烈的负性情绪（从0～10）进行打分，分数越高表明负性情绪越强烈。

```
0   1   2   3   4   5   6   7   8   9   10   （直接用笔在上面画圈即可）
```

虽然：_____

但是：_____

有可能 (B)：_____

当你转变想法之后，再对此情绪程度 (从 0 ～ 10) 进行打分。

0 1 2 3 4 5 6 7 8 9 10 （直接用笔在上面画圈即可）

结合本节所学内容和你的思考，写一写、练一练，将相关信息填入表 5-6 中。

表 5-6 不同思维的做法

我的情绪ABC	如果使用固定型思维，我会怎么办？	如果使用成长型思维，我会怎么办？	拥有成长型思维，我会发生什么改变？
有成就感的事			
难过的事			
开心的事			
委屈的事			

学习完本节内容，你印象最深刻的是什么？联系实际生活，你有什么启发？写下来吧，它将让你看见自己的感受与成长，看见自己的反思与力量。

_____

_____

_____

_____

第三节 我能调控情绪，树立理性信念

——调整认知，理性管理

> 如果一个人看清了自身的处境，知道哪些情况是必须承受的，无可避免的，就得想法子让自己承受得愉快些，有意义些。也就是说，你要支配情绪，控制情绪，不能让情绪支配、控制你，甚至摧毁你。健康愉快的生活来自勇敢进取的生活态度，只会诅咒生活的人，永远尝不到生活的乐趣。
>
> ——赵淑

情绪就像影子一样每天与人相随，我们在日常的学习和生活中时时刻刻都能体验到它的存在给我们心理和生理上带来的变化。美国密歇根大学心理学家南迪·内森的一项研究发现，一般情况下，人的一生平均有百分之三十的时间处于情绪不佳的状态，这种消极情绪对我们的健康十分不利，学会调节情绪是我们生活中的一件大事。

一、情绪调节的意义

良好的情绪调节有利于身心健康，不良的情绪调节或者情绪失调则会破坏身心健康。心理学家贝克 (Beck) 和塞里格曼 (Seligman) 都认为，某些认知策略，如认知评价上的忽视，可以预防或减轻抑郁。格罗斯 (Gross) 发现，情绪调节可以减少表情行为，降低情感体验，从而减轻焦虑等负性情绪对人们的不良影响，因而对身心有益。

二、非理性信念简述

情绪 ABC 理论的创建者埃利斯认为，正是由于人们常有的一些不合理的信念才使我们产生情绪困扰。人的消极情绪和行为障碍结果 (C) 不是由某一诱发事件 (A) 直接引发的，而是由经历这一事件的个体对它不正确的认知和评价所产生的错误信念 (B) 所直接引起的。错误的信念也称为非理性信念。

非理性信念是能够引发个体情绪失调和行为失常的偏颇想法，其特性为无弹性、

非事实依据、不合逻辑。非理性信念是不合理的、夸张的、绝对化的、完美主义的、缺乏清楚思考的，易引起负面情绪，产生荒谬的想法。非理性信念会影响个体的情绪和行为。

（一）非理性信念特征

(1) 绝对化的要求，即个人从自己的主观愿望出发，认为某一件事件必定会发生或不会发生，常常带有"必须"和"应该"的特点。持有这种非理性信念的人很容易产生失败感和挫折感，从而导致产生失落、自责或忧郁等情绪和行为困扰。

(2) 过分概括化，即凭借某一事物结果的好坏来评价自己或他人的价值，表现为：一方面是对自己的非理性评价，其结果常导致自暴自弃、自责自罪，认为自己一无是处、一文不值，从而产生焦虑抑郁等情绪；另一方面是对别人的非理性评价，即别人稍有差错，就认为他很坏，一无是处，其结果导致一味责备他人，并产生敌意和愤怒情绪。

(3) 糟糕至极，即事件的发生会导致非常可怕的或灾难性的后果，这种非理性信念常使个体陷入羞愧、焦虑、抑郁、悲观、绝望、不安、极端痛苦的情绪体验中。这种非理性信念的想法常常是与个体对己、对人、对周围环境事物的绝对化要求相联系的。

（二）常见的非理性信念

埃利斯在 1962 年总结了人们最常见的 11 种非理性信念：

(1) 人们绝对需要一位生活中重要人物的喜爱或赞许。

(2) 个人应该在各方面 (至少在某一方面) 有成就、有才干，这样才会被视为有价值的人。

(3) 人绝对不能犯错，如果犯了错，就应该受到谴责。

(4) 如果遇到与自己希望不一致的事情，那就会很糟糕。

(5) 人的不快乐是外在因素引起的，人没有能力去控制自己的悲伤与情绪困扰。

(6) 经常把危险或灾难性事件发生的可能性挂在心头。

(7) 逃避困难、挑战与责任要比面对它们容易。

(8) 人应该依靠别人，而且需要依靠一个比自己强的人。

(9) 人的行为受过去经验的影响，只要一件事情对他产生了影响，这种影响就会持续一辈子。

(10) 我们应该对别人的困难与情绪困扰感到不安。

(11) 对于任何一个问题，都应该有一个正确的、完美的解决办法，如果找不到，就会很糟糕。

💗 心灵思考

请同学们将上面 11 条非理性信念进行归类，填入表 5-7 中。

表 5-7　非理性信念分类表

非理性信念特征		
序号	特征	分类(填写序号即可)
1	绝对化的要求	
2	过分概括化	
3	糟糕至极	
寻找自己身上常见的非理性信念		
1	绝对化的要求	
2	过分概括化	
3	糟糕至极	

三、辨别健康和消极的思维

健康的思维有两个标志：

（一）它以事实为依据

让我们不安的并不是事情本身，而是我们对事情的看法。你如何衡量一件事情的重要性，就决定了你会有什么样的感受，给你带来问题和造成困扰的永远都是那些你对于事实的个人看法。如果你能客观地看待事情本身的话，就不会有困扰的问题了。

例如，当你看到窗外艳阳高照或是乌云密布时，你可能会用"美""糟糕"这样的字去形容，那你所表达的正是你对天气所持有的个人意见和看法。是阳光普照还是下雨都没有关系，天气既不会美丽，也不会恶劣，更不会令人沮丧。如果仔细思考，人的行为从根本上来说既不能说是好的也不能说是坏的。

（二）它能帮助你像自己希望的那样去感受和行动

消极的情绪就像身体上的病痛一样，会对人们发出警告信号。正如身体上的疼痛会告诉你，你身体中有些地方出现了问题，消极的情绪也是在提醒你，你对有些事情的看法很消极。消极的观念还会妨碍你的期望行动，它甚至会导致你在实际生活中想说"不"时却说"是"；你会变得不敢提问题，也不敢提出请求，因为你害怕被拒绝或者成为他人的笑柄；你也不敢去做自己感兴趣的事，因为害怕会受到他人的批评，所以也就实现不了自己的目标。在受到消极情绪困扰时，你不妨问自己："这个想法能帮助我按照自己的心愿去感受和行动吗？"如果回答是"不能"，那你就要调整及替换这种消极想法了。

❤ 心灵练习

请同学们认真观看小视频《情绪人生》，看完后完成表5-8。

表5-8　测试表

事　件	人　物	想　法	情　绪	原　因
	中年男人			
	少女			
	中年妇女			
启示				

四、情绪调节知识拓展 —— 身体和精神相互影响

（一）情绪总是通过身体表现出来

一个心情郁结的人说话总是慢慢吞吞，声音细微，有气无力。他的整个动作都很缓慢且没有力气，表情呆板僵硬，身体像背负着沉重的包袱一样弓曲着，眼睛只看着地面。而当一个人的心情很好甚至兴高采烈时，他的身体语言则是完全不同的，他看起来几乎可以拥抱整个世界，他充满活力，说话生动，行动敏捷，整个身体的姿态是挺拔的，眼睛总是望着前方或者上方。

（二）思维影响身体

正因为情绪是通过观念和思维才产生的而它又是潜伏在身体里的，所以可以通过思维来影响身体，实际上，思维一直在不间断地影响着身体。

想象一下，在我们面前摆着一个嫩黄多汁的柠檬。你用手拿起这个柠檬，用鼻子去闻它的味道，通过柠檬的表皮你可以清楚地闻到那种酸酸的味道。然后你拿起刀，将这

个柠檬切成两半，柠檬汁顿时流淌出来，你用手拿起其中的一半，再用鼻子去闻，你闻到的那种酸酸的味道就更强烈了，这时候你再想象着自己正很享受地咬下去。

如果你很认真地想象完这整个过程，你就能在自己身上发现两件事：(1) 口腔分泌了更多的口水，(2) 脸上的五官都往中间紧缩了。因此我们可以知道，身体做出了反应，就好像你在心里想象、虚构的事情真的发生了似的，也就是说，身体和大脑都无法辨别脑子里的想法是实际情况的反应还是仅仅是一种虚构。无论这些想法是虚构还是事实，这些观念和想象都会对你的身体产生影响。

（三）身体语言影响思维和情绪

观念和想象可以影响情绪和身体，改变身体语言也可以改变情绪甚至观念。例如，当你有意识地放松肌肉并且深呼吸时，你可以与内心的恐惧感相抗衡；当你保持挺直和自信的姿势，目光与对方交流，用很稳定的声音说话时，你会觉得更自信，也更坚强。

❤ **心灵思考**

每位成员在表 5-9 中写下目前在学习和生活中因为哪些信念 (B) 影响和评价了某些事件 (A)，造成情绪上或行为上的困扰 (C)。(表中的 D 指劝导干预，参见下文相关内容。)

表 5-9　我 的 A B C

A	B	C	D

❤ **心灵聚焦**

小知识：理性情绪疗法 ABCDEF 是美国心理学家阿尔伯特·艾里斯倡导的，具体分为以下几个方面：

A(Activating events) 指发生的事件；

B(Believes) 指人们对事件所持的观念或信念；

C(Emotional and Behavioral Consequences) 指观念或信念引起的情绪行为后果；

D(Disputing Irrational Believes) 指劝导干预；

E(New Emotive and Behavioral Effects) 指治疗或咨询效果；

F(New Feeling) 指治疗或咨询后的新感觉。

案例：李某是一名中职一年级男生，他觉得读书没有什么用，理由如下：首先，他觉得现在所学的知识以后工作不一定用得着；其次，他列举许多大企业家都只有初中或小学学历，而读过大学找不到合适工作的人却比比皆是；最后，他认为能力比知识、学历更重要，而现行的教育体制培养出的人大多是高分低能的"残疾人"，他不愿变成一个书呆子。

如果你是他的朋友，你会如何利用表 5-10 的分析帮助他？

表 5-10　李某的 ABCDEF

事件 A	想法 B	情绪反应C
劝导干预D	效果 E	新感觉F

同学们可以通过劝导干预来帮助自己的组员摆脱不合理的信念，减轻情绪上的困扰，请组员帮自己把表 5-9 中的 D 栏补充完整。

五、善用想象力

研究证明，快乐是有方法的。当你在生气的时候，可以找一面镜子，对着镜子努力做出笑容来，持续几分钟之后，你的心情会变得好起来。

学习了情绪 ABC 理论以及做了相应的练习之后，你已经学会了当你在一种令你觉得不舒服的情景中该如何转变观念、感受和行为的方式，你拥有了一些能克服以往陈旧、消极观念的有益的选择，但这种可能性还没有完全成为习惯。要使新学习到的思维方式也能像你头脑中原来那些消极和负面的思维方式一样自动地运行和起作用，你必须要借助一些方法，比如使用想象力来系统地练习健康的思维。

想象练习是一种精神上的练习形式，在练习中你可以想象自己在某种特定的情境中如何思考，会有何种感受，会采取什么行动。精神上的练习有一个好处，那就是即使在日常生活中很少有机会遇到的情况，你也能够在想象中经常地练习这些新的思维方式、感受新能力和行为方式。如果你想克服飞行恐惧就经常练习飞行的话，那练习的成本太昂贵，也太麻烦了。而通过想象练习，你不需要实际飞行就能进一步克服飞行恐惧。

想象练习包括两个步骤，即放松训练和真正的想象练习。放松训练包括腹式呼吸法、想象放松法和由紧到松的放松法。想象练习时要注意将情绪 ABC 运用到其中 (A 表示情景，在想象什么事；B 表示想象中的情绪情感是怎样的；C 表示内心感受、行为和身体上的反应)。

❤ 心灵练习

观看视频《快乐的钥匙》，辨别视频中人物的 ABC 分别是什么，找出他们身上隐藏的不合理信念。

_____

_____

_____

_____

你的情绪在多大程度上受理智的控制，在多大程度上受本能的控制？回答完以下问题，对照表 5-11 你就可以确定你的情绪状态与类型。如果你是一个情绪易受本能控制的人，那么在日常生活中你就要学习跟非理性观念做斗争了。

1. 如果让你选择，你更愿意（　　）。

A. 同许多人一起工作并亲密接触

B. 和一些人一起工作

C. 独自工作

2. 当为解闷而读书时，你喜欢读（　　）。

A. 史书、秘闻或传记类

B. 历史小说或社会问题小说

C. 幻想小说或荒诞小说

3. 你对恐怖影片的反应如何？（　　）。

A. 不能忍受

B. 害怕

C. 很喜欢

4. 以下哪种情况符合你？（　　）

A. 很少关心他人的事

B. 关心熟人的生活

C. 爱听新闻，关心别人的生活细节

5. 去外地时，你会（　　）。

A. 为亲友们的平安感到高兴

B. 陶醉于自然风光

C. 希望去更多的地方

6. 你看电影时会哭或觉得要哭吗？（　　）

A. 经常

B. 有时

C. 从不

7. 遇见朋友时，你通常是（　　）。

A. 点头问好

B. 微笑、握手和问候

C. 拥抱他们

8. 如果在车上有一个陌生人不厌其烦地跟你讲述他的经历，你会怎样？（　　）

A. 显示你颇有同感

B. 真的很感兴趣

C. 打断他，做自己的事

9. 是否想过给报刊的问题专栏写稿？（　　）

A. 绝对没想过

B. 有可能想过

C. 想过

10. 被问及私人问题时，你会（　　）。

A. 感到气愤，拒绝回答

B. 平静地说出你认为适当的话

C. 虽不爽，但还回答

11. 在咖啡店里要了杯咖啡，这时发现邻座有一位姑娘在哭泣，你会（　　）。

A. 想过去说些安慰话，却羞于启齿

B. 问她是否需要帮助

C. 换个座位远离她

12. 在朋友家聚餐后，朋友和其爱人激烈地吵了起来，你会（　　）。

A. 觉得不快，但无能为力

B. 立即离开

C. 尽力劝解

13. 你一般会在什么时候送礼物给朋友？（　　）

A. 仅仅在新年和生日

B. 全凭兴趣

C. 在觉得有愧或忽视了他们时

14. 一个刚相识的人对你说了些恭维话，你会（　　）。

A. 感到窘迫

B. 谨慎地观察对方

C. 非常喜欢听，并开始喜欢对方

15. 如果你因家事感到不快，上班时你会（　　）。

A. 一直不开心并显露出来

B. 用工作占据烦恼

C. 尽量控制，但还是发脾气了

16. 生活中的一个重要关系破裂了，你会（　　）。

A. 感到伤心，但尽可能正常生活

B. 在短暂时间内感到痛心

C. 长期压抑不快

17. 一只迷路的小猫闯进你家，你会（　　）。

A. 收养并照顾它

B. 扔出去

C. 想给它找个主人，找不到就让它安乐死

18. 对于信件或纪念品，你会（　　）。

A. 刚收到时便无情地扔掉

B. 保存多年

C. 两年清理一次

19. 是否因内疚或痛苦而后悔？（　　）

A. 是的，一直很久

B. 偶尔后悔

C. 从不后悔

20. 同一个很羞怯或紧张的人谈话时，你会（　　）。

A. 因此感到不安

B. 觉得逗他讲话很有趣

C. 有点生气

21. 你喜欢的孩子是（　　）。

A. 有点可怜巴巴的小孩

B. 长大了的时候

C. 能同你谈话，且有自己的个性

22. 如果将来成家立业后，爱人抱怨你花在工作上的时间太多了，你会（　　）。

A. 解释说这是为了我们两人的共同利益，然后仍像以前那样去做

B. 试图把时间更多地花在家庭上

C. 对两方面的要求感到矛盾，并试图使两方面都令人满意

23. 在一场特别好看的演出结束后，你会（　　）。

A. 用力鼓掌

B. 勉强地鼓掌

C. 加入鼓掌，但觉得很不自在

24. 当拿到母校出的一份刊物时，你会（   ）。

A. 通读一遍后扔掉

B. 仔细阅读，并保存起来

C. 不看就扔进垃圾桶

25. 看到路对面有一个熟人时，你会（   ）。

A. 避开

B. 走过去问好

C. 招手，如对方没反应便走开

26. 听说一位朋友误解了你，并且正在生你的气，你会（   ）。

A. 尽快联系并解释

B. 等朋友自己清醒过来

C. 等待一个好时机再联系，但对误解的事不作解释

27. 怎样处置不喜欢的礼物？（   ）

A. 立即扔掉

B. 珍惜地保存起来

C. 藏起来，仅在赠者来访时才会摆出来

28. 你对示威游行、爱国主义行动和宗教仪式的态度是（   ）。

A. 冷淡

B. 感动得流泪

C. 使你窘迫

29. 你会毫无缘由地感到害怕吗？（   ）

A. 经常

B. 偶尔

C. 从不

30. 下面哪种情况与你最相符？（   ）

A. 十分留意自己的感情

B. 总是凭感情办事

C. 感情没什么要紧，结局才最重要

表5-11 计分标准

题号	A	B	C	题号	A	B	C
1	3	2	1	16	2	3	1
2	1	2	3	17	3	1	2
3	1	3	2	18	1	3	2
4	1	2	3	19	3	2	1
5	1	3	2	20	2	3	1
6	3	2	1	21	3	1	2
7	1	2	3	22	1	3	2
8	2	3	1	23	3	1	2
9	1	2	3	24	2	3	1
10	3	1	2	25	1	3	2
11	2	3	1	26	3	1	2
12	2	1	3	27	1	3	2
13	1	3	2	28	1	3	2
14	2	1	3	29	3	2	1
15	3	1	2	30	2	3	1

（温馨提示：本小测试仅供参考）

课后延伸

一周打卡："情"归何处

记录你每天所觉察的情绪感受，试着找出情绪的来源并给自己的情绪进行归因，剥开情绪的外衣，了解自己内心真正的需要和诉求，问题如下：

- 这件事给我的感受是什么？
- 我为什么会有这样的感受？
- 背后隐藏的不合理信念是什么？
- 我的真实需求是什么？
- 对方的需求是什么？

心灵拓展

心理学家乔纳森·海特写过一本很有名的科普书，叫《象与骑象人》，意思是大象与骑在大象身上的人。他用大象来比喻人的情绪，力气很大，如果我们想靠蛮力制服一头大象，一定会失败；但是人的理性呢，就像骑在大象身上的人，他可以指挥大象去自己想去的地方，让大象走大象就走，让大象停大象就停。

他是怎么做到控制住大象的呢？不是靠力气，而是去了解大象的习性，大象喜欢什么，害怕什么，吃什么东西。对这些有充分的了解，就可以跟大象好好相处。

电影推荐：《愤怒管理》

结合本课所学内容和你的思考，写一写、练一练，将相关信息填入表 5-12 中。

表 5-12　不同思维的做法

我的非理性信念下的非理性情绪	如果使用固定型思维，我会怎么办？	如果使用成长型思维，我会怎么办？	拥有成长型思维，我会发生什么改变？
非理性信念 非理性情绪			
非理性信念 非理性情绪			
非理性信念 非理性情绪			

学习完本节内容，你印象最深刻的是什么？联系实际生活，你有什么启发？写下来吧，它将让你看见自己的感受与成长，看见自己的反思与力量。

_____

_____

_____

_____

第四节　我能经受挫折考验，保持乐观向上

—— 正视挫折，勇敢成长

> 挫折就像一块石头，对于弱者来说是绊脚石，让你却步不前；而对于强者来说是垫脚石，使你站得更高。
>
> —— 巴尔扎克

生活就像一本书，它拥有你难以估量的厚度，里面记载着你点点滴滴的人生历程，或许这一页是阳光灿烂的成功，而下一页可能就是不堪回首的挫折……面对挫折的时候，每个人的表现都不同，有的人越挫越勇，他就能在经历风雨之后，见到彩虹；而有的人却一蹶不振，永远生活在阴影之中。

一、挫折对中职生的积极意义

其实人生的道路不可能是一帆风顺的，成大事者肯定会经历大磨难，平凡的人生也要经历无数的小曲折，只有一次次跌倒又一次次顽强地站起来并善于总结经验教训，才能创造人生的辉煌。

挫折既是困难，也是机遇。我们可以在挫折中发现自己的不足，学习新的技能，不断努力进取，从而在挫折中成长。

挫折既可以磨炼我们的意志，让我们越挫越勇；又可以让我们"吃一堑，长一智"，在挫折中反思、总结、成长。挫折丰富了我们的人生体验。

❤ 心灵体验

张文强是独生子，聪明活泼，讨人喜欢，上初中时他的学习成绩非常好。虽然父母对他的要求很严格，但也非常爱他。然而，天有不测风云，在张文强中考前半年，他的父亲被诊断出了癌症，不久就去世了，母亲也因悲伤过度，卧床不起。一个原本幸福的

家庭顷刻间土崩瓦解。张文强的生活一下子变了颜色，从前无忧无虑的他承受着巨大的痛苦勉强参加完中考，结果可想而知。看到几位要好的同学都进入了重点高中，他也曾灰心失望："为什么生活对我如此不公，在夺走了我至爱亲人的同时，也夺走了我的人生，我的一辈子就这样完了吗？"临近9月，看着生病的母亲，张文强一下子觉得自己长大了："母亲今后的生活全靠我了，我不能让母亲再受更多的苦了。"张文强艰难地站了起来，选择了当地的一所职校就读，他坚信，只要自己努力奋斗，一样会走出自己的成功之路。在职校学习期间，他一边认真学习，一边照顾患病的母亲。张文强吃苦耐劳，热爱学习，他的专业知识和动手技能都相当突出。二年级下学期，在老师的指导下，张文强开始了从零起步的创业实践。在合伙经营一家小饭馆的过程中，他一个人承担几个人的工作，却没有丝毫的怨言。几年后，张文强变得成熟稳重，脸上流露出一股不屈不挠的刚毅，此时的他已经是一家大饭店的副总和一家酒吧的老板，收入颇丰，但他还在不断学习并正在攻读某名校的经济管理专业，马上就可以取得大学本科文凭了。

你觉得张文强具有哪些优秀品质，他在面临挫折和打击时是如何应对的？

_____

_____

二、挫折的定义及产生原因

（一）挫折的定义

挫折是指人们在有目的的活动中，遇到阻碍人们达成目的的障碍。心理学上指个体在从事有目的的活动的过程中，因客观或主观的原因而受到阻碍和干扰，致使动机不能实现、需要不能满足时的一种消极情绪体验。

（二）挫折产生的原因

引起挫折的原因有很多，但总的来说有两大类，即外在因素和内在因素。

1. 外在因素

外在因素包含：自然因素，如天灾人祸、生老病死、地震海啸等；社会因素，如家庭环境、组织管理和组织中的人际关系，以及社会文化背景等方面的因素，比较常见的家庭因素，如夫妻经常吵架，关系紧张，会导致孩子挫折感的产生；校园环境因素，每个中职生在校园中不可避免地有可能遇到一些学习和生活上的挫折，如中考失利、对现专业不满意、失恋等。

2. 内在因素

内在因素包含：生理因素，如一个先天性色盲的人想成为画家，无论怎样努力，都难如愿以偿。心理因素，如人的能力、智力和知识经验的不足易在工作学习中遭到失败从而产生挫折感；如人的抱负水平不同，以两个都考上普通大学的学生为例，一个为能考上大学欣喜，另一个可能为未被重点大学录取而懊恼；如动机冲突，像人们常说的"鱼与熊掌不可兼得"的道理一样，其中只有一个动机得到满足，那么其他动机必然遭到挫折。

如果我们发现自己的挫折来源于外在因素，我们积极地采取措施加以调整。如果挫折来源于内在因素，我们可以进行自我心理调节或寻求心理咨询师的帮助。

❤ 心灵聚焦

有一天，农夫的一头驴不小心掉进了一口枯井里，农夫绞尽脑汁地想要救出驴。几个小时过去了，驴还在井里哀号着，最后农夫决定放弃救驴，他想这头驴已经老了，不值得大费周章地把它救出来了，但是这口井是一定要填起来的。于是农夫就找邻居帮忙，计划一起将井里的驴埋了，以免除驴的痛苦。大伙人手一把铲子，开始将泥土铲进井里。当这头驴意识到自己的处境时，刚开始哭得很凄惨，但出人意料的是，一会儿它就安静了下来了。大家好奇地往井底一看，眼前出现的情景令他们大吃一惊：当铲进的泥土落到驴的背部时，它便将泥土抖落到一旁，然后站到泥土堆上面。就这样，驴一步一步地上升到井口，然后在众人的惊讶中快步跑开了。

点拨：我们在生活中所遭遇的种种困难与挫折就是加诸在我们身上的泥沙，然而，换个角度看，它们也是一块块的垫脚石，只要我们锲而不舍地将泥沙抖落掉，然后站上去，那么即使是掉落到最深的井，我们也能安然地脱困。

三、受挫后的情绪反应

（一）焦虑

焦虑是指人们在遭受挫折后、一时无能为力的情况下，伴随而产生的一种模糊的、紧张不安的情绪体验。按照焦虑程度的不同，其可分为焦躁不安、畏惧、丧气、压抑、莫名其妙、难以理解等。

（二）攻击

当个体在动机和目标受挫时，常在态度和情绪上产生敌视和报复心理，在行为上可能会产生过激的举动，从而表现为攻击性行为。按照人们个性特点的不同，攻击可分为直接攻击和转向攻击。转向攻击包括寻找"替罪羊"，迁怒他人，迁怒自身等。

（三）退缩

个体以退缩式的反应来适应挫折情景，表现为无动于衷、漠不关心或依赖他人，有的人还会企图以自己想象的虚构情景来应付挫折，借以脱离现实的困扰。如果个体长期遭受挫折或陷入绝望，会表现出冷漠的态度。

（四）退化

退化是指当个体遭受挫折后表现出与自己年龄不相称的幼稚行为，即退化到原来较低的心理发展水平。具体表现为时常批评与埋怨、优柔寡断、工作学习效率降低等。

（五）固执

个体遭受挫折后采取刻板的方式盲目地反复进行某种无效动作，尽管知道动作对目标的达成、需要的满足并无帮助。具体表现为惊慌失措、产生"破罐破摔"的想法、强迫症等。

（六）其他情绪性反应

遭遇挫折后，个体的精神从挫折本身泛化到各个方面，易产生戒备心理，同时封闭自我，甚至再也不与人交往等，如缺乏安全感，多疑、逃避、自戕。

四、提高挫折承受力

（一）认识到挫折具有普遍性

挫折是客观存在的，关键在于我们怎样认识它和对待它。如果对挫折没有正确的认识，缺乏应有的心理准备，那么遇到挫折时我们就会惊慌失措，痛苦绝望；如果有了正确的挫折观，做好了充分的心理准备，认识到挫折是人生中不可避免的一部分，并且敢于正视面临的挫折，树立不灰心、不低头、坚忍不拔的信念，我们就能把挫折当作进步的阶石，从而不断取得进步。

（二）认识到挫折具有两重性

挫折会给人以打击，带来损失和痛苦，但也能使人奋起、成熟，让人从中得到锻炼。因此，挫折既有消极的一面，也有积极的一面。在遭受挫折后我们需总结经验教训，如考虑定制的目标是否恰当，使用的方法是否稳妥，阻力来自何方，能否争取社会支援。挫折的积极作用就在于磨练人的性格和意志，增强人的创造能力和智慧，使人对所面临的问题能有更清醒、更深刻的认识，增长人的知识和才干。

❤ 心灵聚焦

小溪的故事

小溪从小就是父母的掌上明珠，由于学习成绩优异，她在初中还担任班长，同学们对她也是前呼后拥。可惜好景不长，到了职校，小溪再也找不到那种众星捧月的感觉了，舍友觉得她什么事都不干，都不喜欢她，身边的同学觉得她太孤傲也都不爱搭理她。小溪孤单极了："我还是以前的我呀，为什么她们都不理我呢？肯定是她们针对我、排挤我，还联合起来欺负我！"

根据这个故事，请同学们帮小溪找到走出挫折的方法，并完成表5-13。

表 5-13 小溪受挫的 ABCDEF

挫折情境A	挫折认知B	挫折反应C
劝导干预D	效果E	新感觉F

（温馨提示：可以试着用成长型思维去寻找挫折背后的正面意义，从积极的角度看待挫折）

（三）善于变换角度看待挫折

譬如照相，同一景物从不同角度拍摄，就会得到不同的景象。对待挫折也是一样，我们应当看到挫折是生活的组成部分，但它仅仅是生活的一小部分，在整个生活中，还有很多快乐和幸运的事情值得我们去关注。同时，顺境和逆境在一定条件下是可以相互转换的。面临挫折时，如果我们能够适当地变换思维的角度和方式，多从其他方面重新评价和审视所遭遇的挫折，也有助于摆脱挫折的困境。

（四）不要盯着挫折不放

挫折对人的刺激往往比较强烈，并伴随着心理、生理活动不同程度的卷入，因而会给人以深刻的印象。挫折如果已经发生，那我们就应当面对它，寻找解决的办法；如果已经过去，那我们就应当丢开它，不要老是把它保留在记忆里，更不要时时盯住它不放。

五、战胜挫折我能行

♥ 心灵思考

请同学们根据自己的生活经历，完成挫折卡片（试着用成长型思维来强化自己的信念——战胜挫折我能行）。

1. 我经历过的最大的挫折事件 A。

_____

2. 我对事件的认知和评价 B。

_____

3. 我当时的情绪或行为反应 C。

_____

4. 我现在是如何看待这次挫折 D 的。

_____

5. 我认为我可以这样解决，产生新的感觉 E。

_____

6. 同桌意见，效果评定 F。

_____

邀请愿意分享的同学分享自己的经历。

♥ 心灵练习

指导语：当你遇见让你烦恼和痛苦的事情，如学习失利、人际关系处理不好或其他不顺心的事，你会怎么处理？测一测你应对挫折的能力，请仔细阅读每一道题目，根据你的实际情况，在右侧的括号内写下相应的字母。

A 表示常常这样；B 表示偶尔这样；C 表示没有或很少时间是这样

1. 觉得自己没有办法处理遇到的困难。（　　）

2. 能随机应变采取措施去应付这些困难。（　　）

3. 会很长时间处于情绪低落、陷入紧张或混乱的状态。（　　）

4. 能冷静地分析原因，并修改和调整方案。（　　）

5. 尽管事情过去很长一段时间，心里还是有阴影。（　　）

6. 向有经验的亲友、师长寻求解决问题的办法。（　　）

7. 不知道该怎么办，常会依赖父母、朋友或同学来解决问题。（　　）

8. 常对自己说，这个困难是上天给我的锻炼机会。（　　）

9. 常常幻想自己已经解决了面临的困难。（　　）

10. 从有相同经历的人那里寻求安慰。（　　）

计分标准

第 1、3、5、7、9 题，选 A 得 1 分，选 B 得 2 分，选 C 得 3 分；第 2、4、6、8、10 题选 A 得 3 分，选 B 得 2 分，选 C 得 1 分，将 10 道题的得分相加就是你的得分。

得分在 20 ～ 30 分之间，说明你的挫折感较低，知道一些应对挫折的技巧；

得分在 10 ～ 20 分之间，说明你的挫折感适度，知道少许应对挫折的技巧；

得分在 0 ～ 10 分之间，说明你的挫折感较强，需要学会掌握一些应对挫折的技巧。

（温馨提示：本小测试仅供参考）

课后延伸

列举自己从小到大印象最深刻的一次挫折事件，用挫折三要素对其进行分析。

挫折事件：_____

对事件的认知和评价：_____

情绪或行为反应：_____

现在的我如何看待挫折：_____

心灵拓展

书籍推荐

1.《上帝从不眨眼：应对人生挫折 50 讲》

2.《看见自己的天才》

电影推荐

1.《当幸福来敲门》

2.《小鞋子》又名《天堂的孩子》

结合本课所学内容和你的思考，写一写、练一练，将相关信息填入表 5-14 中。

表 5-14　不同思维的做法

目前我觉得没有办法应对的挫折	如果使用固定型思维，我会怎么办？	如果使用成长型思维，我会怎么办？	拥有成长型思维，我会发生什么改变？

学习完本节内容，你印象最深刻的是什么？联系实际生活，你有什么启发？写下来吧，它将让你看见自己的感受与成长，看见自己的反思与力量。

_____

_____

_____

_____

第六章

求知路上，扬帆起航

本·章·概·述

　　我们刚出生时就是爱学习的，小时候的牙牙学语和蹒跚学步都不是父母强行要求的，可见我们学习的积极性是很高的。可随着年龄的增长，一些同学对学习的看法或感受在逐渐发生着改变，由以前对学习的热爱到对学习的冷淡再到后来对学习的厌倦。这一现象引起了我们的反思：每个人都有求知的渴望，都有学习的愿望，可是为什么很多同学会慢慢地丧失学习的热情，把学习看作是对自己快乐的剥夺呢？他们为什么失去了学习的动力？

第一节　我会快乐学习，点燃学习动机

——快乐学习，事半功倍

> 态度决定成败，无论情况好坏，都要抱着积极的态度，莫让沮丧代替热心。
>
> —— 吉格斯

学习是一个既古老又常新的话题。古老，不仅体现在它的诞生时间上，更体现在有关学习的研究自古有之；常新，不仅体现在人们日常生活中常常提起学习的话题上，更体现在有关学习的问题还有许多待解之谜。

❤ 心灵聚焦

"你们听说了吗？田蕾蕾要退学了！"

这条新闻在商务班引起了强烈的反响。全班同学聚在一起热烈地谈论着这个话题，猜测着事情的真相。在他们眼里，田蕾蕾的退学太让人意外了，因为她是一个活泼、开朗的女孩，学习也很刻苦，一直是老师欣赏的学生。况且田蕾蕾读的专业是职业学校商务英语，这个专业很适合女孩子的未来发展，将来也能找到一份很好的工作。那么，究竟是什么原因让她产生了退学的想法呢？

此刻，田蕾蕾同学正坐在学校的心理辅导室里向心理辅导老师讲述着自己的烦恼。她从小就喜欢服装设计，梦想着将来成为一名优秀的服装设计师，创建自己的服装品牌。可是，她的父母拒绝了她上服装设计专业的请求，坚持认为他们的选择才是最有利于她的发展的。就这样，田蕾蕾每天不得不强打精神去学习索然无味的商务课程，以此来换取父母的满意。平时和同学开开心心在一起的时候，她还会暂时忘记这些烦恼，可是当静下来时，她就会陷入深深的绝望中。她感觉自己在浪费青春。"一个人如果失去了实现理想的机会和奋斗的方向，生命还有什么价值和意义呢？"这些想法总是反复萦绕于脑中，以至于她难以入睡。为此她感到痛苦万分，甚至想到了退学……

心理辅导老师会给她提出哪些建议呢？

_____

_____

一、端正学习态度，培养独立学习习惯

学习是指通过阅读、听讲、研究、观察、理解、探索、实验、实践等手段获得知识或技能的过程，是一种使个体可以得到持续变化(知识和技能、方法与过程、情感与价值的改善和升华)的行为方式。

根据现代心理学理论，学习态度是指学生在学习过程中的行为倾向和投入程度，反映的是其对待学习的一种比较稳定的心理状态。学习态度对中职生的行为及学习效率会产生很大的影响，只有端正学习态度，才能充分利用在校期间的宝贵时光，学到扎实的知识，掌握真正的技能。因此，中职生应在学校期间培养勤奋、严谨、务实的学习态度。

建构主义学习理论认为，学习过程不是由教师向学生传递知识的过程，而是由学生主动建构知识的过程。建构就是学习者通过新旧知识经验间反复的、双向的相互作用，来形成和调整自己的经验结构。在建构过程中，一方面，学习者对当前信息的理解需要以已有的知识经验为基础；另一方面，在运用已有知识经验时，不只是简单地提取和套用，个体同时需要依据新的经验对它做出某种调整和改造。因此，中职生在学习时，应锻炼总结归纳、积极思考、阅读自学的能力，合理安排时间，摸索学习规律，养成独立学习的习惯。

❤ 心灵体验

兴趣是最好的老师，强烈的兴趣通常意味着我们强大的内在需求和动机。请在表 6-1 中按照自己对所学科目的喜欢程度进行排序，分析自己对这门学科感兴趣的原因。

表 6-1　学科排名表

排　名	学　科	原　因	备　注
1			
2			
3			
……			

　　想一想，你是怎样对某一门学科产生兴趣的，与同学分享一下你的经历。

_____

_____

_____

_____

　　讨论一下，对于自己不喜欢的学科，怎样把外在动机转化为内在动机。

_____

_____

_____

_____

二、学习动机的激发和培养

　　学习动机是指学习者个体内部促使其从事学习活动的内驱力或动力。学习动机反映学习者的某种需要，同时也推动学习者进行一定的学习活动以满足这种需要。学习动机一般表现为强烈的求知愿望，对未知世界的好奇心及兴趣以及认真积极的学习态度等。

　　学习动机对学习有着重要的促进作用。中职生要想提高自己的学习成绩，很重要的一个方面就是要激发自己的学习动机，努力提高自己学习动机的水平。

　　(1) 形成学习需要。一般来讲，学习需要是健康个体固有的。激发个体的学习动机最重要的是要使个体明确意识到这种需要，进而使这种需要成为促进学习动机产生的直接原因。

　　(2) 形成对学习的兴趣。兴趣是人们从事某种活动的强大动力之一，一个人对某些未知事物的强烈兴趣，会促使他产生了解该事物的强烈愿望，从而形成学习的动机。

　　(3) 创造各种外部条件，满足个体学习的需要和兴趣。创造外部条件实际上是从动机产生的外在原因——诱因入手，以此来激发学生的学习动机。这些外部原因包括活泼新颖的学习环境、浓厚的学习风气以及对学习效果的及时反馈等。这些条件的满足会激发学生的兴趣及学习需要，从而使学生产生强烈的学习动机。

心灵思考

情景剧欣赏

人生在世，谁不会遇到困难？同学们在生活中会遇到各种各样的烦恼，重要的是我们如何去看待困难，去战胜困难。

我们要笑对困难，不要抱怨生活给予了太多的磨难，不必抱怨生命中有太多的曲折。大海如果失去了巨浪的翻滚，就会失去雄浑；沙漠如果失去了飞沙的狂舞，就会失去壮观；人生如果仅去求得两点一线的一帆风顺，生命也就失去了存在的魅力。

考试后，某班的两位同学坐在教室里闲聊：

甲："唉，这书读得真苦啊！"

乙："嗯，你这次考试考得怎样？"

甲："别提了，真是惨不忍睹啊，连哭的勇气都没了。"

乙："你平时挺努力的，怎么会没考好呢？"

甲："是啊，以前我是'希望之星'，现在就成'流星'了，看来我真的不是学习的材料啊，再努力恐怕也没用了。你呢？"

乙："我？我跟你一样，以前也算'希望之星'，现在就成了'扫帚星'，但是我认为自己不笨，之所以落得今天这种地步，都得怪老师没有把我们管好教好。你想，学生没学好，不怪老师，还能怪谁呢？"

思考：他们是如何看待学习成绩不理想这件事的？他们以后会怎么做？

_____

_____

三、积极归因

（一）归因及案例分析

归因是指人们对他人或自己行为原因的推论过程。具体说就是观察者对他人的行为过程或自己的行为过程所进行的因果解释和推论。我们面对任何一件事时，都会对它进行分析，并总结原因，而找到的原因会直接影响我们的行为过程。

我们一起来看一看表 6-2，分析归因是怎样影响我们的行为模式的。

表 6-2　成就行为的归因模式

积极的 归因模式	(1) 成功→能力高→自豪、自尊→增强对成功的期望→愿意从事有成就的任务； (2) 失败→缺乏努力→内疚→相对地增强对成功的高期望→愿意并坚持从事有成就的任务
消极的 归因模式	(1) 成功→运气→不在乎→很少增强对成功的期望→缺乏从事有成就任务的愿望； (2) 失败→缺乏能力→羞愧、无能感、沮丧→降低对成功的期望→避免或缺乏对有成就任务的坚持性

从表 6-2 中可以看出：

(1) 积极归因的学生无论经历成功或者失败，都会对未来的学习充满信心，因为他们把成功归因于自己的努力和能力等内部原因，所以能够产生积极而肯定的情感，激发自我的内在动机，从而变得更加自信；面对失败时，他们把失败归因于自我的努力或者策略应用的得当与否上，进而继续投入更多的精力，显示出更高的学习积极性。

(2) 消极归因的学生无论经历成功或者失败，都容易降低学习的成就动机，因为他们把成功的原因归结于运气好；失败的原因则归结于自己的能力低、脑子笨。而能力和智力是稳定的内部因素，因此他们会陷入对自身失望的状态，感到努力没有用，进一步导致自暴自弃、学习成绩下降，进而丧失学习兴趣。

所以，我们对自己进行积极归因训练，可以改变自己的消极归因倾向，使自己积极主动地参与、解决学习与生活中的各种问题，提高学业成绩。

（二）积极归因的训练方法

(1) 暴露归因风格。我们常说"发现问题是解决问题的第一步"，所以要想引导学生进行正确归因，首先需要了解学生目前的归因风格，通过让学生暴露自己的归因风格来展示自己对学业成败的解释。

(2) 澄清不合理的归因。学生无法清楚地认识自己的归因是否正确，这需要教师在学生暴露出来的归因风格的基础上引导学生分析自己归因的不合理之处，让学生意识到归因的不同直接影响后续的学习。

(3) 渗透"成功源于努力程度"的意识。每个人不是天生就能获得成功的，成功取决于你努力的程度。老师可在教学活动中不断渗透"机会总是垂青于有准备的人""丰硕的果实总是离不开汗水的浇灌"的思想。

(4) 强化欣赏、悦纳自己的自我意识训练。就像世界上找不出完全相同的两片叶子一样，每一个人都是独特的，要做最好的自己而不是要做得像别人一样好或比别人更好。请相信这句话："世界上没有垃圾，只有放错了地方的财富。"

(5) 结合具体的活动，给予有针对性的指导。通过组织开展各种活动，如运动竞技活动、综合实践活动、社区服务活动等，有针对性地指导学生合理归因，并让学生从多角度强化积极归因的体验，养成正确归因的思维方式。

(6) 结合学业指导学生进行归因的自我评价。引导学生客观地评价自己的学业，及时分析成败的因素，坚持"小步子"原则，设定适合的学习目标，把握学生的"最近发展区"，并教给学生改进的策略和方法。

尽管归因训练的方式多种多样，但不论采取什么方法，其关键是要有助于学生对自己的能力建立信心，让学生在每一个微小的进步中意识到自己的努力是有成效的。

❤ 心灵练习

归因特点问卷

指导语：(1) 在了解你的学习的影响因素的前提下，如果你认为下列描述符合你的情形，请在（　　　）中打"√"；(2) 根据你的实际情况进行选择，如果你认为还有其他原因，请写在"其他"栏里。(3) 在你所选的内容中再选出五个你认为最主要的原因，将他们依照重要的次序填写（写题号即可）

我的学习、考试成绩不理想，是因为：

1. 家中没有人指导我解答疑难的作业。　　　　　　　　　　　　　　（　　　）

2. 我不喜欢任课教师。　　　　　　　　　　　　　　　　　　　　　（　　　）

3. 学习科目过于枯燥。　　　　　　　　　　　　　　　　　　　　　（　　　）

4. 平时养成了懒散的习惯，不愿学习。　　　　　　　　　　　　　　（　　　）

5. 家里环境差，没法学习。　　　　　　　　　　　　　　　　　　　（　　　）

6. 我没有找到有效的学习方法。　　　　　　　　　　　　　　　　　（　　　）

7. 父母不关心我的学习。　　　　　　　　　　　　　　　　　　　　（　　　）

8. 我学习缺乏恒心和毅力。 （　　）

9. 班级学习风气不好。 （　　）

10. 我不会妥善安排学习时间。 （　　）

11. 学校令人讨厌。 （　　）

12. 我的学习基础不好，跟不上。 （　　）

13. 老师的教学方法不适合我。 （　　）

14. 我自己不够努力。 （　　）

15. 运气不好，复习的内容总是不考。 （　　）

16. 身体不佳，无法集中精力学习。 （　　）

17. 考题总是太难。 （　　）

18. 我对学习没有兴趣。 （　　）

19. 情绪不稳，常被无端的情绪干扰。 （　　）

20. 本身能力不够，根本不是学习的材料。 （　　）

其他：_____

影响我学习的五个重要因素依次为：_____

统计结果：

单数题中，你打"√"的有几个？双数题中，你打"√"的有几个？

问卷分析：

单数题的得分为（　　）

你可能是一个受外部条件控制的人，也就是说你通常习惯把自己的成功和失败的原因归于外部条件和环境。

双数题的得分为（　　）

说明你善于从自己的内部寻找原因，你是一个内部控制的人。

中职生对学习成败的归因主要有以下6种类型：

(1) 把失败归因于自己脑子笨、能力差等稳定的因素，这种归因会使学生丧失信心，自暴自弃。

(2) 把失败归因于自己不努力等不稳定的因素，这种归因会使自己重燃希望，变得努力。

(3) 把失败归因于学习难度大等稳定因素，这会使自己学习的积极性受影响，甚至会对相应的学科失去信心。

(4) 把失败归因于运气不好等不稳定因素，这可能会使自己重新树立信心。

(5) 把成功归因于运气好等外在因素，这会使自己产生侥幸心理，下次不一定会努力。

(6) 把成功归因于自己的能力强、努力程度高等内在因素，这可能使自己满意和自豪。

结合本节内容，联系自己学习各门学科的学习动机，写一写、练一练，将相关信息填入表 6-3 中。

表 6-3　不同思维的做法

我的学习动机	如果使用固定型思维，我会怎么办？	如果使用成长型思维，我会怎么办？	拥有成长型思维，我会发生什么改变？
语文			
数学			
英语			
体育			
专业课			

学习完本节内容，你印象最深刻的是什么？联系实际生活，有什么启发？写下来吧，它将让你看见自己的感受与成长，看见自己的反思与力量。

_____

_____

_____

_____

第二节　我有学习宝典，巧用学习方法

——方法策略，为我所用

> 学习中要荡起"乐学"和"巧思"的双桨，倡导"书山有路勤为径，学海无涯苦作舟"的学习态度和方法，这样才能学得生动活泼、融会贯通。

科学测试证明：95%的人的智商为70～133，只有2.5%的人的智商低于70。因此，智力绝不是取得优异成绩的决定因素，取得优异成绩的关键是在于学习方法。学习是手脑并用、身心共济的复杂活动，要讲究方法，正如古人所说："得其法者事半功倍，不得其法者事倍功半。"

❤ 心灵思考

学生："老师，我是高一汽修专业的同学，初中时我的学习成绩一般，但是在现在这个班级里的排名还可以，所以我对自己充满了信心。虽然这个专业不是我自己选的，但是读了一段时间后，我觉得很喜欢。这周期中考试成绩出来了，我的各科成绩却并不理想，尤其是专业课，总名次退后了好几名，我好难过啊，不知道到底该怎么学，明明我已经很努力了？"现在的我感到很困惑。

思考：学习汽修专业的他遇到了什么困难？如果你是他的同学，你会如何帮助他？

_____

_____

一、学习的基本规律

规律是事物内部固有的、本质的、必然的联系。学习活动的基本规律反映了学习活动的诸要素与学习过程各阶段之间的本质联系及发展趋势。学习的基本规律主要有以下几点：

（一）记忆遗忘规律

心理学家艾宾浩斯开创了对记忆的研究并从中发现了保持和遗忘的一般规律，即遗忘进程不是均衡的，在识记的最初时间里会遗忘得很快，后来遗忘的速度会逐渐变得缓慢，而一段时间过后，几乎不再遗忘了。即遗忘的发展是"先快后慢"的。这也就是说，遗忘是在学习之后急速发生的，要想防止和减少遗忘，就必须尽早地加以复习。研究还表明，除了受时间因素制约外，记忆还受识记材料的性质、数量、意义、方式及学习程度等其他因素的制约。

（二）序进累积规律

序是任何知识结构都必须有的层次序列，它包括纵横两个方面。纵是指知识的发展和深化；横是指知识的相互联系、相互渗透。不按照固有的层次序列去学习知识，就不会学有长进。只有按照知识的逻辑系统有序地学习，才能符合学习的认知规律和思维发展规律。学习是一个循序渐进的过程，绝不是一蹴而就的，知识经验的积累是从量变到质变的过程。

（三）学思结合规律

学是指信息的输入，学习新知识、新技能以及社会行为规范等；思是指信息处理加工，知识、信息被认知后，还须进行内化理解、编码、储存和加工，使获得的知识升华以改善原有的智能结构或形成新的智能结构。驾驭理解和保持这两个学习过程的基本规律，就是学思结合的规律，只有学思紧密结合，才能提高学习效率。

（四）知行统一规律

知是对知识信息的输入、理解和掌握；行则是把知道的知识信息用于实际，见诸行动，产生意识行为效应，从而达到改造主客观世界的目的。该规律揭示了学习的本质问题，也就是学习发展的必然趋势和最终归宿。学习的本质是知行统一，人的学习既是学习生活，又是学习实践；既是为了知，更是为了行；绝不是为"学"而学，而是为"用"而学，学习的目的在于应用。

（五）环境制约规律

作为学习主体，人受制于他所处的社会环境。从大的方面讲，社会生活安定，社会风气良好，经济秩序稳定，都会使学习主体心理上的安全感增强，促进学习的发展。从学习主体来讲，经济生活困难，人际关系紧张，都会影响学习的效果。另外，社会为学习主体提供的学习条件，像师资力量、教学实验条件、校园环境等，也可直接影响到学习的效果。

心灵聚焦

心理学家做过这样一个实验：他们请老师给两个班的同学布置了默写课文的作业，都向同学们说明第二天要进行测验。第二天老师果真进行测验了，结果两个班的成绩差不多。测验后，老师只告诉一班的同学两个星期后还要测验一次，二班的同学并不知道还要进行测验。两个星期后老师又进行了测验，一班同学的成绩比二班同学的成绩要好得多（一班同学在测验前也没有复习）。这说明并不是一班的同学比二班的同学更聪明，记忆更好，而是由于老师在第一次测验后，对一班提出了更长久的记忆目标要求，结果一班的同学就记得长久些。

二、提高记忆效果的方法

一切智慧的根源都在于记忆，记忆的效果是随时间变化的。在学习后的几天内，人对知识的遗忘速度会非常快，但过了一个星期后，人的遗忘速度便趋缓了。因此，记忆的关键便是在最容易遗忘的那几天里巩固复习。

（1）及时复习，即把识记过的材料再拿来识记，使之巩固。复习是生理基础对暂时神经联系的不断强化，使学习的痕迹进一步巩固。由于遗忘是先快后慢的，因此复习必须及时，要在尚未大规模的遗忘开始前进行。

（2）在时间和量上合理安排复习。实验证明，用相对集中的一段时间学习同一内容，记忆效果好，但也要适度。因为复习时间过于集中，容易发生信息干扰，而过于分散也容易发生遗忘。

（3）交替地分配时间学习也可以提高记忆效果。科学实验证明，用相等频率的电脉冲刺激脑神经细胞会使人反应敏捷，可是一旦反复刺激时间过长，神经细胞的反应便消失了，休息一段时间后，反应才得以恢复。人的记忆也是如此，法国科学家居里夫人就曾说过："我同时读几种书，因为专研究一种东西会使我宝贵的头脑疲倦，因此我们必须交替地进行记忆。"

（4）善用记忆策略。记忆策略是认知活动的一种特殊形式，尽管不同的研究者对策略所下的定义有所不同，但从总体来看，研究者大都认为策略是指经过主观努力，在一定的目标指导下，用以提高记忆成绩所采取的各种措施。一般来说，记忆策略可以分为两大类别：储存策略和提取策略。常见的记忆策略有以下几种：

① 反复背诵或自我复述。在识记过程中反复背诵以避免遗忘，如边识记边自言自语

地说出记忆材料的名称或内容。例如，为了记住图片，每当看见一张图片时，随即说出图片的名称。

② 使记忆材料系统化。能够在记忆过程中自动对记忆材料加以整理，包括归类、联想等。比如，把画有各种物体的图片加以分类，把新词和某种事情或情绪联系起来等。

③ 间接的意义识记。能够对记忆材料进行精心思考，找出材料组成的规律，以帮助记忆。间接记忆一般利用语言为中介。

❤ 心灵体验

请小组成员们讲述自己擅长的记忆策略并举例说明，并推荐一名学生上台讲述自己的记忆策略使用经验，并分享自己的心得体会。

三、好习惯助力好记忆

(1) 每天保证 8 小时睡眠时间，晚上不熬夜，定时就寝，中午坚持睡午觉。充足的睡眠和饱满的精神是提高效率的基本要求。

(2) 学习时要全神贯注。

(3) 坚持体育锻炼。

(4) 学习要主动。

(5) 保持愉快的心情，和同学融洽相处。

(6) 注意整理。学习过程中，把各科的课本、作业和资料有规律地放在一起，待用时，一看便知在哪里。

(7) 学习时不妨给自己定一些时间限制。

(8) 不要在学习的同时干其他事或想其他事。

(9) 不要整个晚上都复习同一门课程。

(10) 课堂上注意劳逸结合。

❤ 心灵练习

学习能力测验

本测验共 25 道题，每道题有 3 个选项 (A. 较符合自己的情况；B. 难回答；C. 不符合自己的情况)。请根据自己的实际情况进行选择，每道题只能选择一种结果。

1. 喜欢用笔勾出或记下阅读中不懂的地方。

2. 经常阅读与自己学习无直接关系的书籍。

3. 在观察或思考时，重视自己的看法；在遇到问题时，对自己的看法有信心。

4. 对老师将要讲的课会做很充分的预习，并且会预先做一些练习。

5. 遇到问题，我喜欢和同学一起讨论。

6. 为了理解老师所讲的内容，我会将笔记等内容归纳成列表或图。

7. 听老师讲解问题时，眼睛注视着老师。

8. 喜欢利用参考书和习题集。

9. 对于学习中的要点，我会很注意归纳并写出来。

10. 我不经常查阅字典、手册等工具书。

11. 我对作业和考试中的错误会进行修改并分析自己错误的原因。

12. 我认为重要的内容就格外注意听讲和理解。

13. 阅读中若有不懂的地方，我要非弄懂不可。

14. 在学习的时候我会经常联系其他学科的内容进行学习。

15. 在动笔解题以前，我会先做全面的审题，有了设想后，才去解题。

16. 阅读中认为重要的或需要记住的地方我就会划上线或做上记号。

17. 我经常向老师或他人请教不懂的问题。

18. 我喜欢讨论学习中遇到的问题。

19. 我很注意别人好的学习方法，并努力学会。

20. 我对需要记牢的公式、定理等反复进行记忆。

21. 我经常观察实物或参考有关资料对其进行学习。

22. 我听课时做完整的笔记。

23. 我有专门的错题本。

24. 如果实在不能独立解出习题，我就看了答案再做。

25. 我经常制定学习计划，但不一定按照计划来做。

评价办法：以下是有分值的题目编号，只要你的选择与下列结果吻合，就可以得1分，请对照你的选择统计得分情况。

结果为A，分值为1分的题目编号：1、2、3、4、5、6、7、8、9、11、12、13、14、15、16、17、18、19、20、21、22、23。

结果为B，分值为1分的题目编号：无。

结果为C，分值为1分的题目编号：10. 24. 25。

合计总分：（　　　）

评价结果：若总分高于20分，说明你的学习方法还是比较理想的。学习能力测验主要是针对学习方法的测试，可检测出学生的学习方法是否得当，比如学生是否善于总结知识，学习是否主动自觉，对知识的涉猎是否广泛等。总之，该测试包含了学习方法上的各个方面。所谓"尺有所短，寸有所长"，学习就是一个不断取长补短的过程，在某个方法上掌握得出色，不代表其他的地方做得都是完美的。如果你的成绩一直比较理想，很可能得益于你所掌握的知识适合自己并且掌握了正确的学习方法。在以后的日子里，你不仅要继续保持优势，还要继续发挥学习中的积极主动性，在新的学科和新的知识点中，不断归纳总结，不断发现新的方法，千万不要因为目前所取得的成绩而骄傲自满。

如果在这些题目中没有得到比较好的分数，很可能说明你在某个环节上做得不好或者做得不够到位。对于学习能力测验的题目，你需要考虑一下它的目的是检测你的哪一个学习环节，是上课听讲，还是回家做作业，或者是考试复习等。总之，每一个学习环节都有其重要的作用，检测和考试的目的是一样的，结果并不是最重要的，从这个过程中发现问题才是我们的目的。如果你这部分的成绩很好，但自己在学校考试中的表现一直不好，就说明你的问题并非出在方法上，也许是学习态度或学习品质出了问题。若总分低于20分，则说明还有些地方没做好，需要改进。

结合本节内容，联系自己的学习方法，写一写、练一练，将相关信息填入表6-4中。

表6-4 不同思维的做法

我的学习方法	如果使用固定型思维，我会怎么办？	如果使用成长型思维，我会怎么办？	拥有成长型思维，我会发生什么改变？
好的地方			
存在的问题			
需要改进的地方			

学习完本节内容，你印象最深刻的是什么？联系实际生活，你有什么启发？写下来吧，它将让你看见自己的感受与成长，看见自己的反思与力量。

_____

_____

第三节　我要提升学习能力，学会时间管理

—— 把握时间，珍惜当下

> 生命是以时间为单位的，浪费别人的时间等于谋财害命；浪费自己的时间，等于慢性自杀。
>
> —— 鲁迅

拥有了管理时间的能力，我们就能够更好地安排自己的学习和生活，还能更好地提高做事效率。假如时间管理是一驾马车，我们学会了如何驾驭它，那么它就能够带着我们去想去的地方。

心灵体验

请根据自己每天的生活安排，完成表 6-5（时间段尽量细化），并思考自己的时间安排是否合理、是否可以优化，小组讨论并分享。

表 6-5　时间安排表

时　间　段	事　情

一、时间管理及其意义

时间管理是指在同样的时间消耗下，为提高时间的利用率和有效性而进行的一系列控制工作。换句话说，时间管理就是克服时间浪费，为减少时间的消耗而设计的一种系统程序，并选择一切可以利用的科学方法及手段，以便结果向预期目标尽量靠拢。

罗曼·罗兰曾说："人生不售回程票，一旦动身，就再也不能复返。"这句话道出了时间珍贵且易流逝的特点。每个人活着的时间是非常有限的，在有限的生命中如何发挥自己最大的价值，实现自己的人生理想，这是千百年来无数人一直探讨的问题，也是时间管理的意义所在。

❤ 心灵思考

为什么我们浪费了如此多的时间，试着一起来找一找原因吧。

1. 我做了哪些根本不需要做的事？

———————————————————————————

2. 我做了哪些能够由别人，并且应该由别人做的事？

———————————————————————————

3. 我做了哪些耗时过长的事？

———————————————————————————

4. 我做了哪些会浪费别人时间的事？

———————————————————————————

二、时间管理的方法

（一）四象限分类法

四象限分类法是将要做的事按照轻重、缓急排列组合成四个象限，如图6-1所示，这样可以帮助我们在单位时间内做最有价值的事（提升你做事的价值）和做最多的事（提升你做事的效率和速度）。

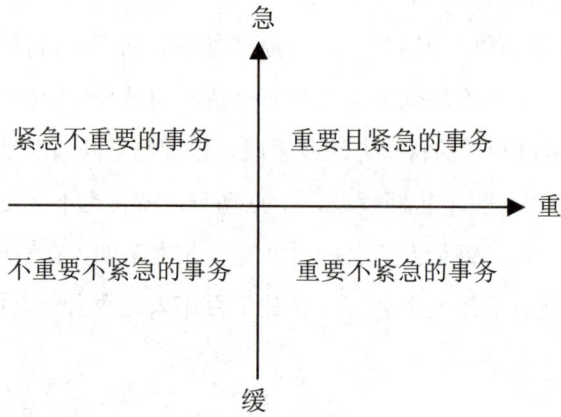

图 6-1　四象限分类法

（二）生理节奏法

人在不同时段的注意力是不同的，如图 6-2 所示，因此其不同时段的工作效率也不相同。生理节奏法要从以下几方面进行时间管理：

(1) 注意你精力最充沛、脑子最清楚的时段，在此时段做最有价值的事；

(2) 注意研究你注意力集中的时间有多长，在此时间内解决问题；

(3) 该休息的时候一定要休息，在你感到疲倦之前就休息，这样你每天清醒的时间就多增加了 1 小时。

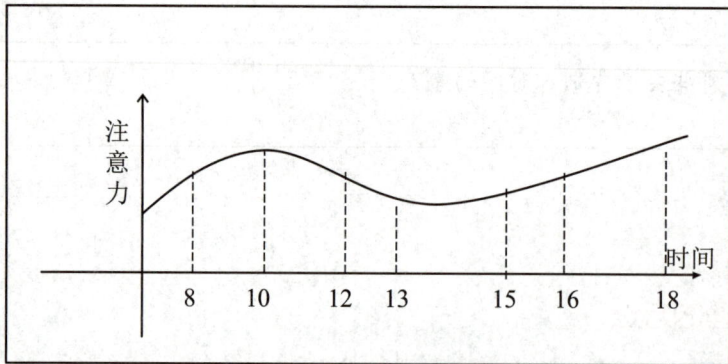

图 6-2　各时段工作状态

（三）杜拉克时间管理法

现代管理之父杜拉克认为，有效的管理者不是从他们的任务开始的，而是从他们的时间开始的，那样就需要记录时间、分析时间和管理时间。每日活动记录表如表 6-6 所示。

表6-6　每日活动记录表

每 日 活 动 记 录 表

姓名 _____　　　　　　　_____年_____月_____日

活动	起止时间	使用时间	计划、中途插进	重要及紧急性	评语

（四）艾维·利时间管理法

艾维·利时间管理法主要从以下几个方面进行：

(1) 写下你明天要做的6件最重要的事；

(2) 用数字标明每件事的重要性次序；

(3) 明天早上第一件事是做第一项，直至完成或达到要求；

(4) 完成第一件事后再开始完成第二项、第三项……

(5) 每天都要这样做，养成习惯。

❤ 心灵聚焦

在校园里，我们经常会遇到这样一些会浪费我们很多时间的情况，对照以下几种情境，检查一下，我们是否会这样浪费时间呢？

1. 由于记忆欠佳，需要重新阅读同一材料；

2. 对每天规定的目标只完成一半，却不知为何；

3. 每天的大量时间用于在对小事的大惊小怪上；

4. 漠视自己的行动计划，变得越拖越长；

5. 当需要时，无法找到重要的学习资料；

6. 由于随手乱放，不得不耗费时间四处寻找。

三、时间管理的原则

我们可以试着遵循以下时间管理原则，试着来养成好习惯，节约每一分钟，做时间的主人。

(1) 应有一张思考的床，不要穷忙、瞎忙、无心的忙。

(2) 对不可控制的时间先行控制，并制定处理原则。

(3) 养成事先规划时间的习惯，依照事情的轻重缓急、优先顺序妥善安排。

(4) 定期研讨学习内容与时间安排。

(5) 心无旁骛地在一段时间内解决一件事情。

(6) 有效运用每天的黄金时间。

💗 心灵练习

对时间管理进行自我检查。

1. 我是否难以说清一天里干了些什么？

2. 我是否碰到了一个无法再拖延的问题？

3. 我是否做了不需要做的事？

4. 我是否常常越权处理事情？

5. 我是否在某些任务上要花费更多的时间？

6. 我是否难以按时赴约？

7. 我是否经常会忘记接下来要准备做的事？

根据自己的节奏，制定属于自己的时间规划表吧，如表6-7所示。

表6-7 时间规划表

时 间 段	任 务

结合本课内容，联系自己的时间管理现状，写一写、练一练，将相关信息填入表 6-8 中。

表 6-8　不同思维的做法

我的时间管理	如果使用固定型思维，我会怎么办？	如果使用成长型思维，我会怎么办？	拥有成长型思维，我会发生什么改变？
拖延的时间			
浪费的时间			
有效率的时间			

学习完本节内容，你印象最深刻的是什么？联系实际生活，你有什么启发？写下来吧，它将让你看见自己的感受与成长，看见自己的反思与力量。

_____

_____

_____

_____

第四节　我会从容应试，掌握应试技巧

—— 良好心态，淡定自若

> 在考前一个月，对基础知识的掌握已不可能再大幅度提高，最关键的就是考试技巧和心态，这两项占到考试成绩的20%。考试的关键是心平气和，把自己的实力淋漓尽致地发挥出来。
>
> —— 浙江大学心理学教授曹立人

焦虑是人的一种正常的情绪反应，当面临重大的比赛、表演或考试时，人往往会产生焦虑和紧张的心情。其实焦虑本身是一个中性词，它在某种程度上可以成为人的朋友，但如果低估了或者放大了它的危害，也可能变成你的敌人。

♥ 心灵聚焦

刘浩进入中职学校后决心用功读书，将来做个有出息的人。但每逢重要考试前，他都会心烦意乱、失眠，且伴随身体不适，这也导致他在考试时出现心慌、出汗、思维混乱的情况，影响正常发挥。他非常担心在高考时出现这种情况，所以在每次考试前，他都很难做到像平常一样专心看书，晚上也是睡不着，还曾出现感冒、鼻塞等症状。到了考试当天早上，刘浩一醒来就感到胸口发闷。在考试过程中，他也非常害怕监考老师说话或在自己身边来回走动。如果在刘浩还没答完题的情况下，其他同学开始翻卷，或者答题时落笔重且很流畅地写字时，他就会感到发慌，从而影响正常答题。甚至有时在答题时，他的脑中一片空白，原本记得很牢的东西，当看见考试题目时却怎么也想不起来。最近一周，刘浩的情绪低落，身体虚弱，经常失眠，他害怕考试，担心考试成绩再下降会被同学笑话，会让老师和父母失望。他去医院检查，没有查出疾病，医生诊断为因过于紧张导致的焦虑。

一、考试焦虑及其表现

考试焦虑是人由于面临考试而产生的一种典型心理反应，由认知反应、生理唤醒和行为表现三种基本成分交织构成的复杂心理结构。

（一）认知反应

考试焦虑的认知反应以紧张、担忧为基本特征，即出现害怕无法达到预期，过分夸大失败的后果，缺乏自信与学习热情，智能发挥受到限制，注意力不集中，思维阻滞，知识点提取慢，记忆的准确性差等现象。

（二）生理唤醒

考试焦虑所带来的生理唤醒主要是与交感神经、自主神经兴奋相关的活动，症状主要包括休息不足，身体过度劳累；精力下降，注意力不集中；失眠、嗜睡、头痛、头晕；大脑记忆力下降；肠胃不适、呕吐、腹泻等。

（三）行为表现

考试焦虑的行为表现为考生在应试情境中以防御或逃避行动所表现出来的不同于日常行为的行为反应。主要包括缺乏一定的学习和应试技能，如课堂时间听课效率低，课后不能独立完成课堂内容的消化、吸收，自主学习能力变差等；备考阶段习惯性推迟学习任务的延迟性行为，不愿意复习备考；抵触应试情景，因不愿意完成规定的成绩测验而产生的回避和逃避考试的行为，同时内心在这个过程中又感受到深深的焦虑。

♥ 心灵思考

　　离期末考试还有一个月，我的成绩原来很好，但是我最近却感到非常紧张，压力也非常大，好几次测试都退步了，很多会做的题都做错了。我总是想要写作业，却不想在一道题上花太多的时间，因为这样让我感觉效率很低。我的心里非常的郁闷，反应也变慢了，晚上睡不着觉，心情特别烦躁，想骂人打人。我的好朋友最近又对我非常冷漠，我感到很难受，这让我心情更差了，而我知道这种状态是不可能考好的，写到这里我难过地流泪了……

　　我很清楚我应该适当放松，但是不知道怎么放松。没有时间打球，父母又对手机游戏、电脑游戏有偏见，我到底该怎么办？

思考：该同学遇到了什么困难？如果你是他的朋友，你会怎么帮助他？

_____

_____

二、缓解考试焦虑的方法

（一）调整认知

观察和发现自己大脑中存在的不合理认知，比如，认为考试是自己成败的证明，即如果考试成绩不理想，就说明自己再也没有希望了。当大脑出现这样的想法时，可以尝试驳斥它，比如，如果考砸了，我的人生就完蛋了吗？我从此就是个失败者了吗？如果仅靠自己的力量无法调整过来，可以寻找班主任或心理老师进行沟通交流。

（二）放松训练

放松训练主要有呼吸放松法、肌肉放松法、想象放松法等方法。放松训练的直接目的是使肌肉放松，最终目的是使整个机体活动水平降低，达到心理上的松弛，从而使机体保持内环境的平衡与稳定。

（三）适量运动

适量的运动可以抵御焦虑和恐惧带来的一系列负面想法，使人对身体重新拥有控制感，运动之所以能使人的心理受益是与人体内的荷尔蒙分泌量的增加有关。荷尔蒙是大脑在刺激作用下产生的化学物质，大量的荷尔蒙可以改变人的情绪状态，加强人的健康感，这种健康感可以降低沮丧、焦虑和其他消极状态的程度。

❤ 心灵体验

放 松 体 验

当你紧张时，就闭上眼睛，想象自己非常轻松的样子，并且在心里默念："我很轻松，我的头很轻松，我的脸很轻松，脖子很轻松，肩很轻松……"

放松部位主要从双臂、腹部、大腿、小腿、直到脚尖，根据紧张的部位还可做局部的练习，每次做不少于 2 分钟，放松要求如下：

1. 在整个放松过程中要始终保持缓慢而均匀的深呼吸；
2. 要随着想象体验有股暖流在身体内运动。

三、常见问题的解答

(1) 很想在考试中取得成功，这样强烈的愿望使我焦虑，怎么办？

耶克斯－多德森定律指出，动机的最佳水平随任务难度的不同而不同，在比较简单的任务中，学习效率随动机的提高而上升；随着任务难度的增加，动机的最佳水平有逐渐下降的趋势，如图 6-3 所示。

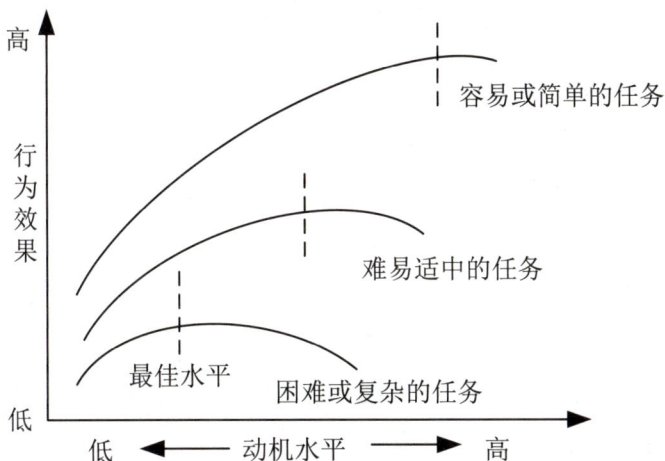

图 6-3　耶克斯－多德森定律图

由图 6-3 可知，中等强度的动机最有利于任务的完成。也就是说，动机强度处于中等水平时，工作效率最高，一旦动机强度超过了这个水平，对行为反而会产生一定的阻碍作用。如学习的动机太强、急于求成或抱负极高，都会产生焦虑和紧张的情绪，从而干扰了记忆和思维活动的顺利进行，使学习效率降低。

(2) 考前失眠怎么办？

一切的改变都建立在接纳的基础之上，如果排斥厌恶自身的某种行为，其结果必将适得其反，失眠就是一个典型的例子。可参考以下小技巧：① 不要把睡觉当成任务；② 最好不要翻来覆去，尽量保持固定姿态；③ 洗个热水澡，喝杯热牛奶；④ 睡不着不会影响考试状态。

(3) 有哪些可以在教室里缓解焦虑的技巧？

在此分享可以在教室里缓解焦虑的小技巧，分别是：① 停憋呼吸法，即用鼻子深深地吸一口气，把气憋住，然后用嘴慢慢地呼出气，最后恢复到自然状态，此流程重复三次及以上。② 握拳法，即把双拳平放桌上，掌心向上，然后握拳，拳头越握越紧，手臂肌肉紧张坚硬，之后慢慢放松紧握的双拳，最后完全放松，此流程重复三次及以上。③ 双臂摸肩法，即抬起双臂，双臂向后弯曲，双臂向肩后摸去，双臂用力摸肩后，前臂肌肉和腹肌绷紧，最后放松双臂，恢复到自然状态，此流程重复三次及以上。

心灵练习

应试心理测验

共32题，每题4个答案：A很符合；B比较符合；C不太符合；D很不符合。

1. 在重要考试的前几天，我会坐立不安；

2. 临近考试时，我会拉肚子；

3. 一想到考试即将来临，我的身体就发僵；

4. 在考试前，我总是很苦恼；

5. 在考试前，我感到烦躁，脾气变坏；

6. 在紧张的复习期间，我老想着"这次考试考糟了怎么办？"

7. 越临近考试，我的注意力就越难集中；

8. 一想到马上就要考试，我对参加任何文娱活动均没兴趣；

9. 在考试前，我老是预感到这次考试将要考砸；

10. 在考试前，我常做关于考试的梦；

11. 到了考试那天，我就不安起来；

12. 考试铃一响，我的心马上紧张起来；

13. 遇到重要的考试，我的脑子就比平时迟钝；

14. 看到考试题目很多，我会感到很不安；

15. 在考试中，我的手会变得冰凉；

16. 在考试时，我感到十分紧张；

17. 一遇到难题，我就担心自己不及格；

18. 在紧张的考试中，我常想些与考试无关的事情，注意力集中不起来；

19. 在考试时，我会紧张得连平时记得滚瓜烂熟的知识也回忆不起来；

20. 在考试时，我会沉浸在空想中，一时忘了自己是在考试；

21. 在考试中，我想上厕所的次数比平时多；

22. 考试时，即使不热，我也会浑身出汗；

23. 考试时，我会紧张得手发抖，连写字都很困难；

24. 考试时，我经常会看错题目；

25. 进行重要的考试时，我的头就会痛；

26. 如果发现剩余的时间已来不及做完全部的题，我会急得浑身出汗；

27. 考试后，发现自己本来会做的题，却没答对，我会感到十分沮丧；

28. 有几次重要的考试之后，我都腹泻；

29. 我对考试十分厌烦；

30. 只要考试不记成绩，我就喜欢考试；

31. 考试不应当像现在这样在紧张的状态下进行；

32. 不进行考试，我能学到更多知识。

评分规则：选A得3分，选B得2分，选C得1分，选D得0分，分数相加即总分。

合计分数：(　　　)

评价结果：0～24分说明对考试镇定自若，沉着冷静；25～49分说明具有轻度焦虑；50～74分说明具有中度焦虑；75～96分说明具有重度焦虑。

结合本课内容，联系自己的考试焦虑的情况，写一写、练一练，将相关信息填入表6-9中。

表6-9　不同思维的做法

我的考试情况	如果使用固定型思维，我会怎么办？	如果使用成长型思维，我会怎么办？	拥有成长型思维，我会发生什么改变？
我的成绩			
我的考试焦虑情况			
我的考试预期			

学习完本节内容，你印象最深刻的是什么？联系实际生活，你有什么启发？写下来吧，它将让你看见自己的感受与成长，看见自己的反思与力量。

_____

_____

_____

_____

第七章 休闲与娱乐

本 章 概 述

　　健康的生活方式不仅能帮助学生健康地成长，还能影响着教育事业的兴衰成败。寻求中职生在学习期间健康成长的途径和方法，是培养祖国栋梁的当务之急。本章主要通过"消费有度，合理有数"和"娱乐健康，积极有趣"这两个话题来引导学生有效地利用休闲时间，选择积极健康的、有利于成长的休闲娱乐活动，体验这些活动的乐趣，并用行动抵制不健康活动的侵害。

第一节　我能消费有度合理有数

—— 合理消费，文明消费

> 君子爱财取之有道，君子爱财更应治之有道。
>
> —— 孔子

本节将重点阐述如何做到理性消费。倡导中职生理性消费的目的是让那些在思想上对金钱的认识不够，容易对金钱产生"无所谓态度"的中职生对消费品进行有计划地消费。

一、合理消费的概念特征

合理消费是指在一定消费水平的基础上实现消费结构的优化，以提高消费的效益。因此，合理消费具有三个典型特征：与自身经济能力相匹配，优化消费结构及满足自身的需求。

（一）与自身经济能力相匹配

作为未成年人，中职生的生活消费能力主要来源于父母。家庭条件优越的学生自然可适当提高消费水平，其购买商品的价位和种类会有更多的选择。但大部分中职生的家庭经济条件都较普通，所以我们在进行消费时应尽量考虑商品的实用性和价位，不可超支消费。中职生的身心发展尚未成熟，且没有参与过社会生产过程，未产生经济价值，因此消费时需量入为出，要考虑父母赚钱的不易。

💗 心灵体验

"我妈太抠门了吧，天底下还真找不出第二个……"阿美一边生气地撕纸条，一边唠叨着。"怎么啦？阿美"小丽走过去，坐在阿美的对面。"我在专卖店看中了一双1300多元的鞋，仿明星款的，我妈嫌贵，于是我就在淘宝上选中了一双620元的鞋，当我把截图发给我妈时，她居然还嫌贵，你说这是我亲妈吗？气死我了……"小丽低头看着自己的鞋，都是国产品牌的，不知道该如何开口……

情境模拟讨论：

1.如果你是小丽，你会怎么跟阿美说？（用成长型思维来回答）

_____

2.如果你是阿美的妈妈，你会怎么说？（结合自己的家庭经济状况）

_____

3.在你的日常生活中，是否也会出现类似的情况，你的消费观是怎样的？

_____

（二）优化消费结构

中职生在生活学习中需要消费的地方有很多，比如吃饭、看电影、买衣服、买文具等。如何将固定金额的生活费发挥到最大价值，同时又将生活学习中的必需消费囊括其中，这个时候就需要优化我们的消费结构了，比如可按学习用具的重要性来进行消费。

♥ 心灵思考

2021年7月，河南经历了一场千年一遇的暴雨，可以说是损失惨重。一方有难，八方支援，社会各界纷纷伸出援手。鸿星尔克作为国产品牌也豪爽地捐赠了价值5000万元的物资。这一举动使网友们感动不已。为了支持鸿星尔克，人们跑到鸿星尔克的直播间"疯狂消费"。短短3天时间，鸿星尔克的销量就超过了半年的总和。

鸿星尔克老板说："大家要理性消费。"

网友说："不，我们要野性消费。"

一位网友表示："从年轻人开始做起，调整只穿名牌的消费心态，明白物美价廉才是省钱的王道。思想格局打开，支持国货运动品牌，比如安踏、361、特步、森马等，关键时刻只有中国人才会全力以赴帮助中国人，我们要用自己消费的小钱，支持真正爱国的企业，以此来建设我们的祖国！"

也有网友说："爱国是一件从心里有感而发的事情，不需用道德来绑架……"

对网友的众说纷纭，你是怎么看的？在你的生活中，是否也会有"野性消费"？你怎么看待"道德绑架消费"这一观点？

_____

_____

♥ 心灵练习

假设你现在是中职院校的毕业生，政府给你 100 万元人民币的创业启动资金，你会做何规划？完成表 7-1。

表 7-1 创业启动资金计划

计划消费项目	计划消费金额	消费原因

你怎么看待自己的消费结果？采访一下你身边的同学，看看他们的消费计划与自己有何不同？你从中得到什么启发？

_____

_____

（三）满足自己的需求

我们需明确自己的需求，而不是盲目地效仿网红或明星。例如，中职一年级学生小张就很喜欢讲牌面，在他过生日的时候，他拿着父母的钱请全班同学到酒店吃饭，他觉得这样他才显得很有面子，父母和老师劝说小张不应如此铺张浪费，小张却说无所谓。小张这种行为是不合理的，是虚荣心作祟的表现。而中职生真正合理的消费在于满足自己日常生活学习中不可或缺的、紧要的、符合身份特征的需要。

二、影响消费心理的因素

影响消费心理的因素有以下几个方面。

(1) 从众心理。有从众心理的人看到许多人在做同一件事，便会不由自主地加入，当别人率先做出示范型消费行为后，他们便会效仿和重复，其消费会受别人评价的影响，受别人行为的带动。人们追随时尚的心理往往能够引发对某类、某种风格商品的狂热追求，并形成流行趋势，商家也常常利用消费者追随偶像、追赶潮流的心理来推销自己的商品。消费是否应该从众，要做具体分析，盲目从众是不可取的。

（2）求异或逆反心理。人们的个性展示有时是借助消费活动体现的。与众不同、展示个性也成为一些人消费的原因。为了追求个性而进行消费的现象虽然推动了新工艺和新产品的出现，但是展示个性不仅要考虑社会的认可，还要考虑行为的代价，为显示与众不同而过分标新立异是不值得提倡的。

（3）攀比心理。对于有些商品，人们拥有它的目的不在于商品本身的实用价值和它所带来的乐趣，而在于"向上看齐"和"人无我有"的夸耀性心理。个别同学的消费受攀比心理的影响，饮食消费向广告看齐，服装消费向名牌看齐，娱乐消费向流行看齐，人情消费向成人看齐，这种消费心理是不健康的。

❤ 心灵聚焦

老 王 买 车 记

老王近两年手头宽裕，有五六万的存款，看着周围的同事、朋友都开上了小轿车，老王的心也热了起来。于是，老王与家人们就买车问题开展了一场家庭大讨论。一家人的讨论意见如图 7-1 所示。

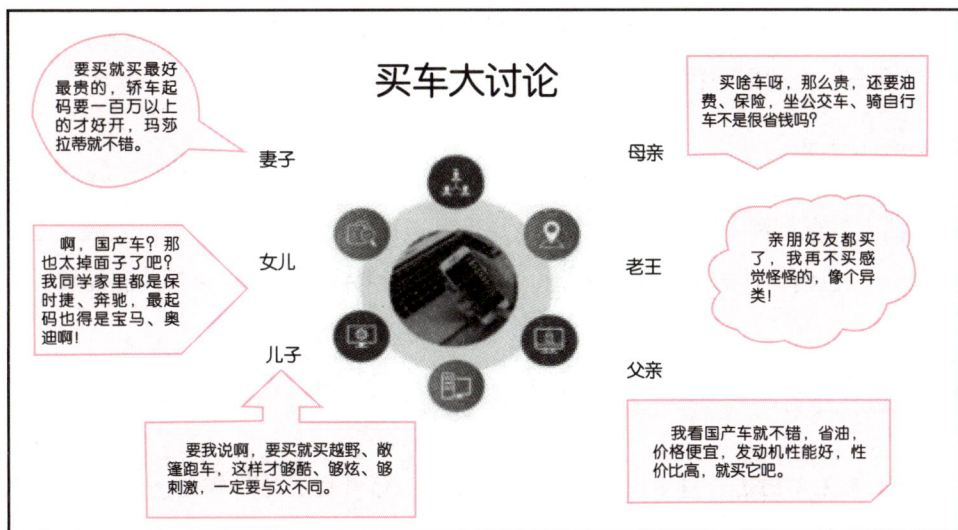

图 7-1　买车大讨论

1. 说说你赞同谁的意见？

_____

_____

2. 每组选一个角色的观点进行讨论，并说说该消费观点受什么消费心理的影响？这种心理有什么合理性和弊端？

_____

_____

三、践行文明科学的消费观

（一）量入为出，适当消费

我们应考虑当前收入和预期收入的协调，反对超前消费，否则很可能会入不敷出，越陷越深。

（二）结构合理，协调消费

我们需要将物质消费和精神消费相协调，在满足物质需求的同时提升精神层面的追求。

（三）勤俭节约，艰苦奋斗

勤俭节约，艰苦奋斗是中华民族的优良传统，无论物质再发达也不能忘了这种优良品质。

（四）保护环境，绿色消费

虽然经济越来越发达，但环境保护还是要刻在我们每个人的心中，比如能坐公交车就不开私家车，去超市购物能用自己的袋子就不用塑料袋等。

四、消费新图景

"十四五"规划和2035年远景目标纲要提出，我国要培育新型消费，发展信息消费、数字消费、绿色消费，鼓励定制、体验、智能、时尚消费等新模式、新业态发展。

心灵练习

根据未来五年的消费新图景（如图7-2所示），你对自己的消费理念有何新的想法？对自己的职业生涯规划又将做何调整？

图 7-2　未来五年中国消费新图景

❤ 心灵拓展

下面是成长型思维的资源库，请同学们进行阅读鉴赏。

1. 推荐视频《妈妈的账单》；

2. 《任正非传》孙力科著；

3. 《曾国藩传》易孟醇著；

4. 阅读洛克菲勒、巴菲特、稻盛和夫相关著作。

学习完本节的内容，请就最近一个月的消费进行盘点，看看哪些消费观念是合理的，哪些消费观念是需要调整的，让我们一起用成长型思维来完成表 7-2。

表7-2 消费清单

类　型	消　费　清　单
本月属于固定型思维消费观的消费	
本月属于成长型思维消费观的消费	
下月消费计划单(成长型思维视角)	
本学期消费计划单(成长型思维视角)	

　　学习完本节内容，你印象最深刻的是什么？联系实际生活，你有什么启发？写下来吧，它将让你看见自己的感受与成长，看见自己的反思与力量。

_____

_____

_____

_____

第二节 我积极有趣娱乐健康

—— 健康休闲，丰富生活

> 能聪明地充实闲暇时间是人类文明的最新成果。
>
> —— 罗素

一个中职生除了要进行上课、完成作业和吃饭睡觉等活动外，每天大约有五六个小时的空闲时间，加上双休日、节假日，他的空闲时间就更多了。根据数据统计，人的一生假如活到 80 岁，那么他共计有 70 万个小时，其中休闲时间占 49.7%，睡眠时间占 33.3%，上班时间占 11.4%，在校学习时间占 3.9%，自学时间占 1.7%。如何度过这些休闲时间，我们应该认真地想一想。

一、休闲的定义

休闲就是人们对闲暇时间的利用方式，是人们在闲暇时间里参与的自由的、非报酬活动的总称。根据休闲的内容，休闲可以分为四个层次：

最基本的休闲就是休息，如午睡、晚睡、睡懒觉、打瞌睡等，这其实是"有休无闲"。其次是打发闲暇时间，如旅游、喝茶、打牌、健身等。再次是有意识的休闲，如度假等，这种休闲的目的性比较强，为的是促进自己身心的发展。最高层次的休闲是追求休闲的意蕴，这种层次的休闲追求的是人与自然的和谐，是一种心灵的愉悦，如野外采风、做义工等。

♥ 心灵练习

列出大家平时休闲时间都会参加的各种休闲活动。

1. 旅游类：_____

2. 体能类：_____

3. 收藏类：_____

4. 思考类：_____

5. 创作类：_____

6. 社会服务类：_____

7. 栽培饲养类：_____

8. 娱乐类：_____

二、健康休闲的意义

（一）愉悦身心，提高学习效率

人们在各种休闲活动中满足各种不同的社交需要，进而产生幸福感。人们有各种不同的社交需要，如归属感、亲密关系、控制和权力、地位和名誉、利他、竞争和合作等，个体会根据自己的需要选择适合自己的休闲方式。良好的社会交往能够激发积极情感，尤其是在这些社交活动中的言语或非言语的积极信号，都能对个体身心愉悦产生积极的影响。

（二）丰富生活，促进个体全面发展

在休闲活动中，人们会因为擅长某些活动而产生某种程度的成就感，这样既维护了自尊心，又从中获得了满足和幸福的感觉。另外，很多人参加休闲活动的目的并非是在比赛中胜出，而是展示自己的技巧和运动魅力。人们在休闲活动中展示技巧、参加公开表演或比赛、结成爱好或品行相同的小团队，或是仅仅拥有某个特殊组织的身份，这些行为都能提高自尊。

（三）对我们的学习产生积极的影响

通过进行休闲活动，参与者获得了放松。有的人通过休闲得到了身心的放松，进而引发积极情绪体验；有的人则喜欢寻求一些惊险刺激的项目，例如户外拓展等活动，通过这些相对较为刺激的活动寻求新鲜感，这说明了我们既需要放松又需要刺激，当然这也与个人的人格特质有关。无论如何，个体在休闲娱乐后会变得更加积极，可以进一步促进学习上的发展。

♥ 心灵聚焦

杨盈盈是某中职学校电子商务专业的学生，进入职校后，她最大的感受就是属于自己的时间多了很多，她可以自由地去做一些自己喜欢做的事。于是，杨盈盈把大部分的

课外时间都奉献给了手机，比如看抖音、打游戏、追剧……手机让她的住校生活充实了不少。周五下午放学后，她通常会打扮一番，并约上好友一起逛街，一起聚餐。晚餐后，KTV、电影院成了她经常出入的场所，和朋友一玩就玩到后半夜。周六杨盈盈会给自己补个觉，一觉睡到下午三点，再慢悠悠地起床，然后她会刷一刷朋友圈。到了晚餐时间，杨盈盈会点个外卖，一边打游戏一边完成自己的晚餐，一个晚上又在手机的陪伴下度过。周日她会睡到自然醒，起床后去超市选购一些生活用品，整理一下个人物品坐车回校。这样的状态差不多持续了半个学期，开始她觉得特别满足，但是时间越久，这样的生活状态让她的内心觉得越空虚。

看了杨盈盈对休闲时间的安排，你有什么感受？你觉得怎样才能让杨盈盈的内心变得更充盈呢？

_____

_____

三、如何合理健康地安排闲暇时间？

(1) 合理地安排作息时间，形成良好的作息制度。因为规律的生活能使大脑和神经系统的兴奋和抑制状态交替进行，久而久之，会在大脑皮层上形成动力定型，这对促进身心健康是非常有利的。

(2) 要进行适当的体育锻炼和文娱活动。"文武之道，一张一弛。"学习之余参加一些文体活动，不仅可以缓解刻板紧张的生活，还可以放松心情，增加生活乐趣，有助于提高学习效率。

❤ 心灵思考

1. 你会如何安排自己的休闲时间？

_____

_____

2. 作为中职生，我们该如何来度过我们的休闲时间？

_____

_____

(3) 要保证合理的营养供应，养成良好的饮食习惯。中职生的饮食不良现象主要表现在两个方面：一是饮食不规律，闲暇时间很多人早晨起床较晚，来不及吃早饭，有的人索性取消了早饭，有的人则在饿的时候随便吃些零食。二是暴饮暴食，中职生在闲暇时间参加较多的朋友聚餐，容易出现饮食过量或饮食不规律等现象。

(4) 要改正或防止吸烟、酗酒、沉溺网络游戏等不良的生活习惯。

❤ 心灵体验

请同学们尝试按照休闲计划表来安排自己的休闲时间，如表 7-3 所示。

表 7-3 休闲计划表

休闲时间	休闲活动(提供参考)	活动反馈
课间十分钟	走出教室呼吸新鲜空气； 和好朋友说几句话； 哼几句只有你能听懂的小调	
放学后	到操场上打会儿球； 参加一个感兴趣的社团； 和自己的好朋友一起晚餐，餐后在校园内散步	
周末	看电视，听音乐，看电影； 去书店或图书馆看书； 陪父母逛街； 去超市采购	
假期	学习一样特长，比如练字或乐器； 学习做家务以及学习待人接物； 职业初体验，了解社会，感悟人生	

❤ 心灵练习

每位同学设计一张优质的闲暇生活计划表，可以从以下五个角度考虑：

1. 自主安排；

2. 深刻快乐；

3. 收获丰富；

4. 显我风格；

5. 时间管理。

学习完本节的内容，结合自身的休闲时间，我们一起来练习和巩固成长型思维，并完成表 7-4 的内容。

表 7-4　不同思维的做法

我的休闲娱乐	如果使用固定型思维，我会怎么办？	如果使用成长型思维，我会怎么办？	拥有成长型思维，我会发生什么改变？
散步			
跳舞			
钓鱼			
唱歌			

学习完本节内容，你印象最深刻的是什么？联系实际生活，你有什么启发？写下来吧，它将让你看见自己的感受与成长，看见自己的反思与力量。

_____

_____

_____

_____

第三节　我期待合作双赢

—— 团队合作，你我共赢

> 一滴水只有放进大海里才永远不会干涸，一个人只有当他把自己和集体事业融合在一起的时候才能最有力量。
>
> —— 雷锋

有人想知道什么是天堂和地狱，上帝带他走进一个房间，他看到的是一群人围着一大锅肉汤，却个个瘦骨如柴，因为每个人手上有一只手柄比手臂还长的汤勺，够得到锅却不能将汤送到嘴里，大家只能望"汤"兴叹。而在天堂里，同样是一间房、一锅汤、一群人、一样长柄的汤勺，但人们却满面红光，快乐地唱着歌。这个人问上帝："为什么地狱的人喝不到肉汤，而天堂的人喝得到呢？"上帝微笑着说："很简单，这里的人都会喂别人。"这则寓言故事告诉我们，团结协作是生存的真正精华所在。

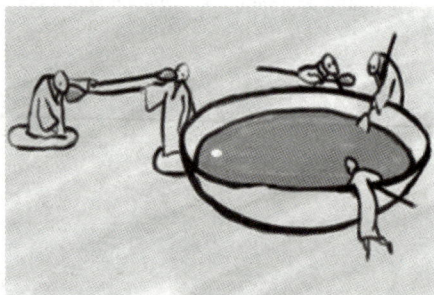

图 7-3　"天堂"和"地狱"

❤ 心灵聚焦

三只老鼠结伴去偷油，可是油缸非常深，油在缸底，它们只能闻到油的香味，却喝不到油，老鼠很焦急。

突然，一只老鼠想出一个很棒的办法，它提出三只老鼠一只咬着另一只的尾巴，吊下缸底去喝油。大家经过讨论获得了共识，决定轮流喝油，并要求有福同享，谁也不能独自享用。于是，第一只老鼠最先吊下去喝油，它在缸底下想："油只有这么一点点，大家轮流喝多不过瘾啊，今天算俺运气好，第一个下来喝油，不如自己先喝个痛快。"夹在中间的第二只老鼠也在想："下面的油没多少，万一让第一只老鼠把油喝光了，俺岂不是要喝西北风吗？我为啥要这么辛苦地吊在中间让那小子独自享受呢？我看还是把它松开，干脆自己跳下去喝个痛快！"最上面的老鼠也在想："油就那么少，等他们两个吃饱喝足了，哪还有我的份呀，不行，必须立即做出决断。"于是最上面的老鼠就放开了中间这只老鼠的尾巴。

它们争先恐后地跳到缸底，浑身湿透，狼狈不堪，加上脚滑缸深，它们就再也没有跳出来。

一、合作的定义

合作是指群体成员一起活动以实现共同目标的行为，这些目标通常是无法通过个人努力来实现的。在合作的条件下，彼此之间表现为团结协作、亲密友好的关系，这是个体间协调作用的最高水平。

❤ 心灵聚焦

有位外国老太太来到中国，她找了几个中国孩子，让他们做一个游戏。她把几个拴着细线的小球放进一个瓶子里，瓶口很小，一次只能容纳一个小球通过，如图7-4所示。

她说："这是一个火灾现场，每个人只有逃出瓶子才能活下去。"

她让每个孩子拿着一根细线，实验开始了，只见几个孩子从小到大，依次把小球取出来了。

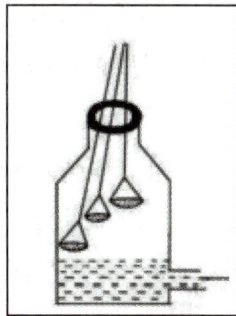

图7-4 逃生实验

老太太很惊讶，她在许多国家都做过这个实验，但是没有一个成功过，那些孩子无一例外地都争先恐后地把细线拼命往上拉，导致最后一堆小球堵在瓶口……

问题：看了这个故事后你有什么启示？谈一谈成长型思维对合作有什么意义？

_____

_____

二. 合作的条件

想要建立良好的合作关系需具备以下几个条件。

(1) 一致的目标。任何合作都要有共同的目标，至少是短期的共同目标。

(2) 统一的认识和规范。合作者应对共同目标、实现途径和具体步骤等有基本一致的认识。在联合行动中，合作者必须遵守共同认可的社会规范和群体规范。

(3) 相互信赖的合作气氛。创造相互理解、彼此信赖、互相支持的良好气氛是有效合作的重要条件。

(4) 具有合作赖以生存和发展的一定物质基础。必要的物质条件（包括设备、通讯和交通器材工具等）是合作能顺利进行的前提，空间上的最佳配合距离，时间上的准时、有序，都是物质条件的组成部分。

❤ 心灵思考

囚徒困境是1950年美国兰德公司的梅里尔·弗勒德和梅尔文·德雷希尔议定出相关困境的理论，后来由顾问艾伯特·塔克以囚徒的方式进行阐述，并命名为"囚徒困境"。囚徒困境是指两个共谋犯罪被关入监狱，不能互相沟通情况。如果两个人都不揭发对方，则由于证据不确定，每个人都坐牢一年；若一人揭发，而另一人沉默，则揭发者因为立功而立即获释，沉默者因不合作而入狱十年；若互相揭发，则因证据确凿，二者都判刑八年。由于囚徒无法信任对方，因此倾向于互相揭发，而不是同守沉默，最终导致纳什均衡仅落在非合作点上的博弈模型。

囚徒困境反映了个人的最佳选择并非是团体最佳选择，或者说在一个群体中，个人做出理性选择却往往会导致集体的非理性选择。

思考：囚徒困境给你的启示是什么？如何使用成长型思维模式来看待合作？

_____

_____

三、合作的意义

对于中职生来说，团队合作的意义非常多。合作学习的意义大致有以下几点：

(1) 合作学习有助于学生合作精神和团队精神的培养。学会合作是现代教育的重要价值取向。合作学习是培养合作精神的重要途径。现在的学生大多都是独生子女，是父母的掌上明珠，从小养尊处优，惟我独尊。在合作学习中，小组成员为了完成共同的任务，要求有明确的责任分工，每个学生不仅需要同其他伙伴配合，积极主动完成自己负责的部分，又需要融入小组的整体工作，为他人提供支持与帮助，协同完成任务。面对同一个目标，大家齐心协力，相互支持，相互信任，相互配合，相互理解，以积极的态度共同参与，达到共同提高的目的。

(2) 合作学习有助于提高学生的交往能力。人际交往是人一生赖以生存的能力，这是学生的宝贵财富。因此，学校教育必须注重学生交往能力的培养，在合作中学习，在学习中合作，通过与他人交流思想，加强与他人的联系与合作，从而提高人际交往技能。

(3) 合作学习面向全体学生，有利于促进每个学生的发展。传统教学模式是教师讲学生听，满堂灌，学生听着乏味。合作学习的方式是让每个学生都有参与的机会、发言的机会、表现的机会。师生之间、生生之间有了更多的交流与评价，每个学生都能有不同程度的进步。

(4) 合作学习能够充分调动学生学习的积极性。在合作学习中，学生是学习的主体，学生从多方面参与学习，不再是知识的被动接受者，而是新知识、新思想的构建者和创造者，是与他人合作交流的贡献者和分享者。学生能充分体验学习的愉悦，从而对学习产生浓厚的兴趣，并产生学习的动力，把以往那种"要我学"的课堂模式变成现在"我要学"或"我想学"的模式。

❤ 心灵体验

你追我赶

游戏规则：将学生们分成4组，每组5人，每组发6张纸，5个人排成纵队，每人脚下踩一张纸，最后一人手里再拿一张纸。开始时，最后一人把手里的纸传给第四人，第四人传给第三人，直到传给第一人。第一人拿到纸后立刻放在前方自己的脚能跨到的地方，然后踩上，第二人赶快站到第一人刚空出的纸上，第三、四、五人依次跟上，再重复上述活动，看哪组最先到达终点。

谈一谈：请同学们结合比赛谈谈认识，并找出哪些行为有利于合作，哪些行为不利于合作。

❤ 心灵练习

升入中职学校，在班级这个大集体中生活已有一段时间了，从最初的陌生到现在的朝夕相处，默契相依，相信大家都有很多关于团队合作的记忆。请回想一下升入中职后，令你印象深刻的关于团队合作的事，仔细体会你的感受，静心回想每一个细节。把自己的所想、所思、所感用图文结合的方式做成美篇，分享在朋友圈。

学习完本节内容，请结合自身实际，写一写你在团队合作过程中发生的那些事，我们一起来练习和巩固成长型思维，请将相关信息填入表7-5中。

表7-5　不同思维的做法

我参与团队合作	如果使用固定型思维，我会怎么办？	如果使用成长型思维，我会怎么办？	拥有成长型思维，我会发生什么改变？
开心的			
难过的			
困难的			

学习完本节内容，你印象最深刻的是什么？联系实际生活，你有什么启发？写下来吧，它将让你看见自己的感受与成长，看见自己的反思与力量。

_____

_____

_____

_____

第四节 我会担当社会使命

—— 明辨是非，责任担当

> 有信念、有梦想、有奋斗、有奉献的人生，才是有意义的人生。
>
> —— 习近平

如果有一种力量，可以指引人生的方向，其中一定有它的光芒；如果有一种声音，可以深深地印入记忆里，其中一定有它的嘹亮。

一、勇担社会使命的重要性

个人是社会的细胞，社会是个人的归属，只有每一个细胞健康、正常、努力地运作才能使这个社会更有前途；而一旦细胞出现了状况，它没有起到本身应该发挥的作用，那社会这个整体也将生病和萎靡。

心灵聚焦

基辛格在《论中国》中说："中国人总是被他们之中最勇敢的人保护得很好。"为了人民的安危，钟南山不辞辛苦，不顾个人安危，奔赴抗疫前线；为国争光，14 岁的全红婵站上奥运跳台；哪里有危险，哪里有需要，哪里就有我们的人民解放军。这就是社会使命，这就是国人的担当。年轻人应像《流浪地球》中作者诠释的那样：

1. 不抛弃、不放弃 —— 与家国同心。
2. 有厚度、有温度 —— 与情感同在。
3. 能选择、能担当 —— 与信念同在。

人生需要担当，有担当的人生才能尽显豪迈；家庭需要担当，有担当的家庭才能拥有和谐；社会需要担当，有担当的人方能谋取天下的福祉。同学们，当你成为一个有社会使命感、有责任感、能担责任的人时，会有一种从心灵深处溢出来的平和与喜悦。

❤ 心灵体验

郭帆说："因为喜欢，很多事情都变得没有道理，我们每个人应该在自己选择的路上负重前行。"是的，人生一世，每个人都有自己的使命与担当，作为中职生的我们，使命应该是：

1. 责任——成为一个有责任心的人。

2. 使命——为中华伟大复兴而读书。

3. 担当——认真自律为学生首要的担当。

观看抗疫、救灾的短视频，认真思考自己的责任、使命、担当分别是什么？并用笔记录下来。

_____

_____

二、坚定信念，矢志不渝

坚定是指一个人的立场、主张、意志等坚强稳定不动摇。信念与坚定后来逐渐合二为一，成为每一个中国人勇往直前的精神动力。李大钊就是信念坚定的楷模。1927 年 4 月 28 日，李大钊在北京慷慨就义，他坦然地说："不能因为你们今天绞死了我，就绞死了伟大的共产主义！我们已经培养了很多同志，如同红花的种子，撒遍各地！我们深信，共产主义在世界、在中国，必然要得到光荣的胜利！"

矢志不渝是指立志不会改变，表示永远不变心。一代人有一代人的长征，一代人有一代人的担当，在这个千帆竞发、百舸争流的时代，更加需要我们每一位中职学生坚定信念、矢志不渝，用理想之光照亮奋斗之路，用信仰之力开创美好未来。

❤ 心灵思考

担当责任的"失"大多是眼前的，"得"大多是长远的。生活中，你做到敢于担当了吗？你反思到了哪些社会现象？你认为应该如何解决？请小组进行讨论。

_____

_____

♥ 心灵练习

请认真思考后填写表 7-6 的"使命卡片"，最后与同学交流分享。

表 7–6＿＿＿＿＿＿＿＿ 的使命

人生阶段	我的榜样人物	我要创造的价值	达成的途径/方式	我付出的努力
中职三年				
未来5年				
未来10年				
未来15年				
我的强国使命:				

♥ 心灵拓展

下面是成长型思维的资源库，请同学们进行阅读鉴赏。

电影

《我和我的祖国》《夺冠》《哪吒之魔童降世》

书籍

《跳出头脑，融入生活》作者：[美]史蒂文·C.海斯 [美]斯宾斯·史密斯

《高效能人士的七个习惯》作者：【美】史蒂芬·柯维

《时间的形状》作者：汪洁

学习完本节的内容，请你结合自身优势，用规划生涯的视角来谈谈"无奋斗，不青春"这一话题，并将相关信息填入表 7-7 中。

表 7-7　不同思维的做法

我的青春	如果使用固定型思维,我会怎么做?	如果使用成长型思维,我会怎么办?	拥有成长型思维,我会发生什么改变?
奋斗的青春			
享受的青春			
随大流的青春			

学习完本节内容,你的感受是怎样的,有哪些收获?可写下来与同学交流分享。

第八章

我的生涯我规划

本 章 概 述

职业是展示自我价值的重要平台，个人的能力和才华需要职业来实现。职业还是完善生活的需要，个体可以在工作中获得快乐、成就感、归属感等。因为中职生对自身的优劣势缺乏合理的认知，对未来缺乏必要的信心，对自身行为缺乏有效的控制，所以他们需要提前认识自我，了解职业，制定科学合理的职业生涯规划。本章主要从职业选择、职业规划和目标掌控这三个方面进行讲解。

第一节　我的未来我选择

—— 畅想未来，明确方向

> 奋斗就是生活，人生唯有前进。
>
> —— 巴金

凡事预则立，不预则废。人生短短几十年，很多人在还没弄清楚自己想成为什么样的人，做什么事更得心应手，适合在哪个领域发展，怎样发展更有利时，他们的职业生涯就已经完结了，这是人生的悲哀。为此，中职生对自己的职业生涯有一个较清晰的规划就显得十分重要了。

一、职业生涯的概念及必要性

（一）职业生涯的概念

职业生涯是指一个人从职业学习开始到职业劳动结束的这段职业工作经历。职业生涯规划就是对职业生涯乃至人生进行持续、系统的计划的过程。职业生涯规划需要对一个人职业的主客观条件进行测定、分析、总结，确定其最佳的职业奋斗目标，并为实现这一目标做出行之有效的安排。

♥ 心灵聚焦

案例一　得过且过，做一天和尚撞一天钟

小李是一个好动的男生，他平时喜欢在校园里闲逛，上课的时候他爱开小差，对专业技能训练也不感兴趣。当老师和家长问小李以后想从事什么工作时，他漫不经心地回答："干啥都行，无所谓啊。"现在已经处于高三阶段的小李没有自己的想法和规划，每天浑浑噩噩，班里的同学都已在外面企业或自己感兴趣的领域实习，只有小李

无动于衷，他在学校什么也不干，只等着毕业。老师们看到每天无所事事的小李就感到心慌，小李的爸妈看到小李整日躺在床上打游戏的情形心情就很不好，但怎么劝他也没用。

案例二　忙忙碌碌，越忙越焦虑

小红是高二学生，性格沉稳，从进入中职学校后她就很努力，寒暑假会去不同的工作岗位实习，老师们都很喜欢她。在家长眼里，小红也是一个十分听话懂事的女孩。但最近小红心里有一种焦灼感，她告诉老师，虽然自己很努力地学习知识和参加社会实践，但她对未来依旧十分迷茫，不知道自己喜欢什么，现在身心很容易疲惫。

1. 如果你是小李，你会怎么办？

_____

2. 你有过小李或者小红的这种状况吗？你是怎么解决的？

_____

（二）职业生涯规划的必要性

(1) 职业生涯规划可以帮助我们认识自我。

职业生涯规划的第一步就是认识自我。认识自我需要对自我的兴趣、价值观、能力和性格作详细的分析，明确我喜欢做什么，我需要做什么，我能做什么，我适合做什么，根据自身特点量身定制相匹配的职业路径。

(2) 职业生涯规划可以帮助我们准确定位职业方向。

职业生涯规划不仅需要认识自我，还需要对外部职业环境进行分析，找到环境允许和支持我们做的事情，帮助我们找到成长性和收益性较好的领域。

(3) 职业生涯规划可以帮助我们发挥个人潜能。

先思考一个问题："你认为自己的潜能发挥了多少？"科学研究证明，智力正常的人潜能只发挥了 2% ～ 5%。这个结果会让很多人吃惊，原来我们身体里的巨大潜能都在沉睡。如果能找到一种方法唤醒我们的潜能，使之多发挥一些，我们的人生会截然不同。

职业生涯规划会让我们对自己的未来更有责任感和使命感，职业生涯规划会让我们预见美好的未来，也会带给我们一种实现理想的强烈愿望。这股力量会促使我们努力学习，创造条件，增长经验，从而使我们的潜能在目标的指引下被激发出来，促使我们克服困难，取得令人瞩目的成绩。

(4) 职业生涯规划有助于我们进行时间管理。

有些同学经常抱怨时间不够用，或因为办事拖沓而陷入危机，或因为要做的重要的事情太多而无法定夺；还有些同学在各种目标中挣扎，既想要考等级证书，又想要去企业实习……他们都遇到了同一个问题 —— 管理时间。

❤ 心灵思考

如果银行明天向你的账户拨款 9 万元，你在这一天可以随心所欲地花钱，想用多少就用多少，用途也没有任何规定。条件只有一个：用剩的钱不能留到第二天再用，也不能节余归自己。你将如何用这笔钱？

★**点拨**：大家肯定会把钱花在最该买的东西上。其实这笔钱代表的是我们每天拥有的时间，我们应该把时间用在最该做的事情上。那么什么是最该做的事情呢？职业生涯规划帮我们确定了职业目标，认清现实与理想间的差距后制定行动方案就是最该做的事情。

二、职业生涯的自我探索

（一）兴趣的概念

职业兴趣是一个人力求认识、接触和掌握某种职业或专业的心理倾向。当兴趣的对象指向某种职业时，就形成了职业兴趣。孔子曾经说过："知之者不如好之者，好之者不如乐之者。"这句话告诉我们，学习知识或本领，知道它的人不如爱好它的人接受得快，爱好它的人不如以此为乐的人接受得快。人们若对某件事物或某项活动感到需要，他就会热心于接触、观察这件事物，积极从事这项活动，并注意探索其奥秘。每个人最大的竞争优势往往不是自己的技能，而是来自自己以最大热忱和渴望所做的一切努力。

（二）兴趣的作用

1. 影响职业选择

在日常生活中，我们更愿意从事感兴趣的活动，在选择职业时，我们也会倾向于选择与兴趣匹配的工作。

2. 促进职业的稳定和成功

个体一旦获得浓厚的职业兴趣，他对所从事的工作一定非常执着，并会全身心投入，这正是人获得事业成功的秘诀。

3. 兴趣会促进个体潜力的发挥

研究证明，从事自己感兴趣的职业，能发挥个体才能的 80% ～ 90%，从事不感兴趣的工作，只能发挥全部才能的 20% ～ 30%。因此，一个人对某项工作感兴趣时，枯燥的工作也会变得丰富多彩、趣味无穷。

❤ 心灵体验

快快乐乐做"岛主"

恭喜你获得了一次免费度假游的机会！你有机会去下列 6 个岛屿中的一个（如图 8-1 所示），唯一的要求是你必须要在这个岛上待满至少半年的时间。请不要考虑其他因素，仅凭你的兴趣挑出你最想前往的 3 个岛屿并进行排序。

图 8-1　度假岛

R 岛：自然原始的岛屿

岛上的自然生态保持得很好，有各种野生动物。岛上的居民以手工见长，会自己种植花果蔬菜、修缮房屋、打造器物、制作工具，喜欢户外活动。

I 岛：深思冥想的岛屿

岛上有许多天文馆、科技博物馆以及图书馆等。岛上的居民喜欢观察学习，崇尚和追求真知，常有机会和来自各地的哲学家、科学家、心理学家等交换心得。

A 岛：美丽浪漫的岛屿

岛上有美术馆、音乐厅、街头雕塑和街边艺人，弥漫着浓厚的艺术文化气息。居民保留了传统的舞蹈、音乐与绘画技艺，许多文艺界的朋友都喜欢来这个地方找寻灵感。

S 岛：友善亲切的岛屿

岛上的居民个性温和、友善、乐于助人，社区均自成一个密切互动的服务网络，人们重视互助合作，重视教育，关怀他人。

E 岛：显赫富庶的岛屿

岛上的居民善于经营企业和贸易，能言善道。岛上的经济高度发展，处处是高级饭店、俱乐部、高尔夫球场，往来者多是企业家、经理人、政治家、律师等。

C 岛：现代井然的岛屿

岛上的建筑十分现代化，是进步的都市形态，以完善的户政管理、地政管理、金融管理见长，岛民个性冷静保守，处事有条不紊、细心高效，善于组织规划。

你总共有 15 秒的时间回答以下问题：

(1) 你最想去的岛屿是哪个呢？

(2) 在剩下的 5 个岛屿中，你最想去的是哪个呢？

(3) 在剩下的 4 个岛屿中，你最想去的是哪个呢？

依次写下来：1. _____ 2. _____ 3. _____。

依次记下答案，并与结果进行比对：6 个岛屿代表 6 种典型的职业生涯兴趣类型，第一个是主要兴趣，第二、第三个是辅助兴趣。

选择 R 岛的人，其兴趣类型为现实型。喜欢的活动：愿意从事事务性的工作，喜欢户外活动或操作机器，而不喜欢在办公室工作。

选择 I 岛的人，其兴趣类型为研究型。喜欢的活动：处理信息（观点、理论），喜欢探索和理解、研究那些需要分析、思考的抽象问题，喜欢独立工作。

选择 A 岛的人，其兴趣类型为艺术型。喜欢的活动：创新创造，喜欢自我表达，喜欢写作、音乐、艺术和戏剧。

选择 S 岛的人，其兴趣类型为社会型。喜欢的活动：帮助别人，喜欢与人合作，热情关心他人的幸福，愿意帮助别人解决困难。

选择 E 岛的人，其兴趣类型为企业型。喜欢的活动：喜欢领导和影响别人，或为了达到个人或组织的目的而善于说服别人，希望成就一番事业。

选择 C 岛的人，其兴趣类型为管理型。喜欢的活动：规划组织活动，喜欢对生活及工作有计划有准备，希望对掌握的事物做到心中有数。

三、了解职业世界

只有对职业有较充分的认识，才能破除我们对某些职业或工作的刻板印象。了解职业的方法有以下几种：

(1) 网络。网络已经成为当今我们快速、全面地获取信息的主要方式，与职业相关的网站有应届生求职网、中华英才网、智联招聘网、前程无忧网、boss 直聘网、实习僧网等。

(2) 职业实践。职业实践是最直接的体验，除了实习之外，参观、兼职以及做志愿者服务也是可以选择的实践方式。

(3) 出版物。可以通过阅读一些与职业相关的书籍、调查报告、招聘广告、报纸、杂志和企业书面宣传资料来了解该职业。

(4) 人物访谈。通过人物访谈，可以了解与目标职业相关的入职标准、素质能力要求、职业发展路径、工作内容和工作感受。

心灵聚焦

聊聊你的生活，说说我的故事

我的工作是国有银行的小柜员。银行柜员的确是一项很"磨"青春的工作。从健康的角度来说，选择了柜员的职业就等于选择了长时间的电子屏辐射、久坐、长时间的重金属（钞票）污染，这些都对身体不好。银行柜员都是有职业病的，如腰椎颈椎不好，神经衰弱、肾结石等，其优点就是该职业的社会地位比较高。

如今的金融企业都是自负盈亏的，银行即是企业。客户永远是核心，抓住客户就等于抓住市场，也就能抓住引领个人职业发展的绳索。上至总行各部室，下至基层网点，无不重视客户和市场。

心灵练习

职业生涯人物访谈

请你选择一位职场人士，根据下面的提示，进行职业生涯访谈，并将采访的结果写在横线上。

采访人物：_____

所在公司（单位）：_____

目前的职位及年龄：_____

以下是本次访谈的问题：

1. 可以简要谈一下您的教育经历吗？

_____

2. 您的职业发展历程是怎样的呢？可以分享一下吗？

_____

3. 您热爱或是厌烦您目前的这份工作吗？您认为现在的这份工作可以体现出您的价值吗？请简要谈一下您的感受。

_____

4. 在您目前的职业生涯过程中遇到过挫折或是困难吗？请谈一下您的感受。

_____

5. 您觉得做这份工作需要哪些知识技能？如果您想雇用一名中职生，希望他有一份怎样的简历？

_____

6. 您一天的时间是怎么度过的？

_____

7. 您的职业发展前景如何？行业发展前景如何？

_____

学习完本节的内容，请结合自身实际畅想一下你未来的职业，我们一起来练习和巩固成长型思维吧，请将相关信息填入表 8-1 中。

表 8-1　不同思维诉做法

我的未来职业	如果使用固定型思维，我会怎么办？	如果使用成长型思维，我会怎么办？	拥有成长型思维，我会发生什么改变？
我最想从事的职业			
面对我最想从事的职业，我的优势			
面对我最想从事的职业，我的劣势			

学习完本节内容，你印象最深刻的是什么？联系实际生活，你有什么启发？写下来吧，它将让你看见自己的感受与成长，看见自己的反思与力量。

_____

_____

_____

_____

第二节 我的中职我规划

—— 立足眼前，把握当下

> 在时间的大钟上，只有两个字——现在。
>
> —— 莎士比亚

活在昨天的人，拥有的是回不去的从前；活在明天的人，面对的是未知的美好和期盼；只有活在今天的人，才会幸福美满，因为珍惜眼前、把握当下，才会活得无悔无怨。对于中职学生来讲也是一样，空有远大理想是不可取的，唯有脚踏实地才能做出一番事业。

💗 心灵聚焦

案例一 付出和收获不成正比

小武自从进入中职学校后，就认定自己未来要成为一名优秀的会计从业者。他在老师的眼里是一个勤奋的学生，在家长眼里是一个从来不需要操心的孩子，但只有小武自己知道，他看似很忙，但其实一直都是随大流，别人干啥自己也干啥，收获也十分有限。小武时常在忙碌之余陷入独自发呆的状态，他感到很无力。

案例二 空有一腔热血

小刚每天斗志昂扬，给人一种对未来满腔热血的感觉，他对老师和同学也很热情。当老师问小刚未来想做什么时，小刚拍拍胸脯不假思索地说要在淘宝开店，或者直播卖货。至于学习电商的相关知识和技能，小刚则满不在乎地说以后开店再说，现在不考虑那么多。

问题：1. 你有遇到过小武这种状况吗？如果你是小武，你该怎么办？

2. 你认为小刚这样下去会怎样？

_____

_____

一、SWOT 分析

SWOT 分析法是用来确定自身的竞争优势、竞争劣势、外部环境中的机会和威胁，从而将个体的职业决策与个人特征、外部环境有机地结合起来的一种科学分析方法。SWOT 的四个英文字母分别代表：优势 (Strength)、劣势 (Weakness)、机会 (Opportunity)、威胁 (Threat)。其中，优势和劣势属于对个体自身因素的分析，机会和威胁属于对外部环境因素的分析，如图 8-2 所示。

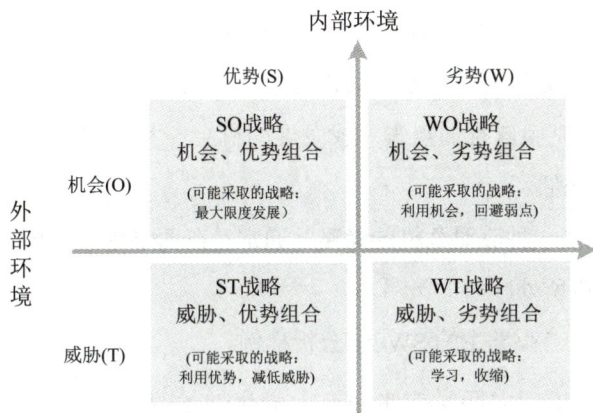

图 8-2　SWOT 分析法

（一）优势和劣势

个体的优势和劣势可以从以下五个方面进行分析：

(1) 你的哪些职业能力比较突出？比如沟通能力、适应能力、人际交往能力、专业技能等。

(2) 你与职业相关的实践活动有哪些？你获得了哪些相关的奖励？

(3) 你的教育背景是什么？你学到了哪些对你的职业发展有利的知识？

(4) 你的性格方面有什么特点？你的兴趣方面有哪些特点？

(5) 你的家庭背景方面的优势是什么？

（二）机会

机会的宏观方面包括国家经济形势、产业政策、法律法规、各区域的产业发展态势、行业趋势等，微观方面包括各企业、政府部门、人才市场、学校或家长们提供的各类有利信息，比如行业的快速发展、国家出台的利好政策、学校提供的发展条件等。

（三）威胁

威胁是指外部环境中的不利方面，比如经济形势低迷、人才需求饱和、具有较高能力的竞争对手、领域内有限的发展空间、不利的政策信息、新提高的职业门槛等；也包括来自自身的因素，比如身体健康隐患、家庭不稳定因素、糟糕的经济状况等。

运用 SWOT 分析法把优势、劣势、机会和威胁都列出来后，接下来需要进行 SWOT 策略分析，即将优势转换成机会 (SO 策略)，应用优势去化解威胁 (ST 策略)，把劣势转换成机会 (WO 策略)，在劣势与威胁中采取应对措施 (WT 策略)。下面简单介绍一下这四个策略。

(1) SO 策略，指寻找与自己优势相匹配的机会。这是一种理想的策略模式，能够最大限度地发挥内部优势和充分利用外部机会。

(2) ST 策略，指利用自己的优势来减少外部环境造成威胁的可能性，即通过内部资源的安排，利用自身的优势将外部威胁对自己发展造成的不利影响降到最低。

(3) WO 策略，指克服自身弱点去寻找发展的机会，利用外部机会弥补内部劣势，使劣势因素的负面影响降低。

(4) WT 策略，这是一种应对危机的策略，通常是在面临内忧外患时制定的一套用来克服内在劣势、同时回避所处威胁的策略。

表 8-2 为学前教育专业学生的 SWOT 分析样例。

表 8-2　中职学前教育专业学生的 SWOT 分析模型

内部环境分析	外部环境分析	
	机　会 (1) 三孩政策实行，学前教育面临空前的发展机遇； (2) 社会对学前教育的重要性越来越认可	**威　胁** (1) 幼师的发展范围较小； (2) 现在各个中职学校和高校纷纷招收学前教育专业的学生，竞争对手增多； (3) 学校的社会知名度不高
优势 (1) 假期在不同的幼儿园实习，有实践经验； (2) 英语成绩中等，口语能力强； (3) 对幼儿比较有耐心，喜欢和幼儿交朋友； (4) 家人在幼儿园工作，可以传授经验	**优势机会(SO)策略** (1) 加强口语方面的练习，把英语口语能力作为就业竞争的优势，努力成为双语老师； (2) 利用在幼儿园的实习经验，努力提高自身的能力； (3) 多与幼儿接触，了解幼儿的生活习惯和心理状态，为以后的工作做准备	**优势威胁(ST)策略** (1) 展现自己对于幼儿的亲和力； (2) 彰显自己的专业技术能力，尤其是比较突出的技能，例如口语能力； (3) 突出实践经验，让招聘单位更加放心
劣势 (1) 绘画和手工比较差； (2) 专业能力不是很突出，例如钢琴没有基础	**劣势机会(WO)策略** (1) 加强动手能力的训练； (2) 多练习钢琴	**劣势威胁(WT)策略** (1) 加强自己的专业技能； (2) 寻找重视老师潜能、重视教育理念的单位

心灵练习

根据表 8-2 的案例画出属于你的 SWOT 分析模型表,看看你到底该在哪些方面多下功夫,有哪些不足需要弥补。完成之后请与同学交流,看一看别人的模型表是怎样的。

我的生涯信——给 10 年后的自己

有时候,我们会想跟自己说些话。有时,是新年的期许;有时,是生日的愿望;有时,可能是心中委屈、难过的情绪。如果你希望在十年后的某一天收到写给自己的一封信,那该怎么做呢?

写信给自己是反省的过程,也是鼓舞与祝福自己的方式。有些人会选择写日记,但也有些人采用写信给自己并且回信给自己的方式。你可以通过写信的方式真诚地关怀或提醒自己。

写信给自己的同时,你可以用第三者的视角并结合刚刚学到的 SWOT 分析法,客观平静地、充满温暖与关怀地、像问候自己身边的好友般地和自己对话。你会发现,原来自己不寂寞,因为你懂自己!

表 8-3 是"我的 SWOT 分析表",快来邀请十年后的自己看看你的努力吧。

表 8-3 我的 SWOT 分析表

	好 影 响	坏 影 响
内部环境	S优势	W弱势
外部环境	O机会	T威胁

二、案例分享

中职生活丰富多彩，我们已经知道自己的职业目标了，也对自己的现状有了较清晰的认识，那么我们便要把握好这三年的青春岁月，做好眼前该做的事，把专业知识学好，提升专业技能水平，发展行业所需的能力，顺利实现自己的梦想。现在，让我们来了解一下学长学姐们的中职规划吧！

（一）升学案例

案例一 虽然小张（化名）在中考中失利，但他却没对未来失去信心，在和家人商量之后他发现自己对学历仍有追求，所以他想要通过升学的途径向大学本科冲刺。进入中职学校综合预科学部后，小张在家人和老师的帮助下制定了一个学习方案。由于小张本身的文化课水平尚可，而且大学考试只考语文和数学两门学科，所以文化课方面他只需坚持认真学习即可。此外，专业课大家也都在同一条起跑线上，压力还不是很大。小张在认真学习文化课和专业课后，参加了单独招生考试，取得了不错的成绩（全省排名前50名），进入了中国计量大学本部学习本科课程。小张发现大学有很多细分的专业，在进入大学后可以选择与本专业相关的细分专业，专业的可选择性增强了，小张十分开心。进入大学后，小张发现自己的室友都是从普高上来的，他们没有相关的专业技能训练，很多时候小张还可以给他们一些专业技能方面的指导，这也凸显出中职生的优势，让他的自信心大增。小张的大学毕业证和学位证也和其他学生一样，没有任何差别。大学毕业后的小张选择回到自己的母校担任老师。小张感慨："只要努力，没有完不成的事情，只要去做，就一定能够实现愿望。"

案例二 小刘（化名）中考后进入了"综合3+2"学部学习，每天她都认真地完成相应的学业和技能培训。3年后，小刘顺利地进入了大专院校继续学习，并且班里的大部分同学也都顺利进入了相应的大专院校学习。通过小刘的讲述可知，在中职学校学习的过程中，只要按照学校老师的安排做好该做的事情，学好相应的文化课知识，不违反纪律，正常情况下学生们都可以进入大专院校学习。而且大专学习两年后就可以拿到毕业证，如果想继续升学，还可以通过专升本考试到大学本科学习；如果想就业，可以直接就业，一般大专学校都有合作的优质企业，毕业后的学生也可以进入与学校合作的企业工作。小刘准备选择继续升学读大学本科，圆自己的大学梦。

［注：高职考生为高职提前招生和单独考试招生两类，满分600分，文化课（300）＋专业课（300），其中专业课考试包括理论和实践操作，且职业技能考试给学生两次机会，成绩两年内有效（高二、高三各可参加一次）］

（二）就业创业案例

案例一 小王（化名）在进入中职学校前很担忧自己对新学校的适应情况。因为他在初中的时候，只要一上文化课就会打瞌睡，注意力也不集中，即使到毕业了，他的文化课知识也都没怎么记住，所以小王的担忧一直萦绕在脑海中。进入中职学校学习一段时间后，小王欣喜地发现，自己在这里学习汽修专业知识时能够很容易地专注于技能训练，能跟在汽修师傅身后学习汽车构造的每一个细节，认识机械维修的要领。小王感到很开心，觉得自己在做的事情很有趣，也很有意义，再也没有像初中时那样的无助感。小王自身的优势慢慢地得到凸显，他的动手操作能力逐渐提高，在老师眼里也逐渐成为一名优等生。在高二阶段，小王在和班主任商量后决定参加省级技能大赛。他不负众望，得到了较好的名次，这更增加了他的自信心，也使他更加努力地将精力投入到专业技能的提升上。毕业后，小王被学校聘用为车间技能指导老师，为学弟学妹做技能培训指导。小王说："能够做自己喜欢的事，将注意力完全投入进去，我很幸运，也很开心。"

案例二 小李（化名）进入中职学校后学习的是电子商务专业。虽然他对文化课的学习不太感兴趣，但却对电子商务的相关课程抱有强烈的好奇心。通过对学校专业知识技能的学习和训练，他逐渐了解到电商行业的精髓和要领。利用空闲时间，小李开始创建和经营自己的淘宝店。刚开始，他满怀信心地经营淘宝店，但现实的效果却很差，甚至很长一段时间店铺的生意都不见起色，这让他对自己失去了信心。在与老师交谈后，小李得到了老师的鼓舞和指导，又开始用心经营起了自己的店铺。小李会把遇到的每一个问题都记录在自己随身携带的笔记本上，遇到不懂的问题会请教老师和同学，甚至向有经验的淘宝店运营者寻求帮助。在小李高三毕业那年，他的淘宝店销售额已经比较可观了，超过了同行业不少竞争者。毕业后，小李一心扑在网店上，并获得了成功，他说："想要成功，首先需要知道自己想干什么，自己的优势和劣势在哪儿，然后持之以恒地往这个方向前进，终会获得自己意想不到的结果。"

❤ 心灵思考

1. SWOT 分析法对你有用吗？你觉得自己还需要做哪些努力？

_____

_____

2. 虽然做好了中职三年的规划，但是实施不起来怎么办？

_____

_____

♥ 心灵体验

假如现在你的年龄处于 0～100 岁之间，接下来我们来玩一个游戏。请准备一张长条纸并用笔将它划成 10 份，刚好每一份代表生命中的 10 年。

下面给大家出几个问题，请大家按要求去做。

第一个问题：请问你现在多少岁？（把相应的部分从前面撕掉）过去的生命再也回不来了，请撕彻底、撕干净！

第二个问题：请问你想活到多少岁？（如果不想活到 100 岁的话就从后面把那部分撕掉）

第三个问题：请问你想多少岁退休？（请把相应的退休以后的部分从后面撕下来，不用撕碎，放在桌子上）

就剩这么长了，这是你可以用来工作的时间。

第四个问题：请问你会如何分配一天的时间？一般人通常是睡觉 8 小时（有人还不止呢）占了 1/3 的时间；吃饭、休息、聊天、摸鱼、看电视、游玩等又占了 1/3 的时间；其实真正可以工作、有生产力的时间约 8 小时，只剩 1/3 的时间了，所以请将剩下来的纸条折成三等份，并把 2/3 撕下来，放在桌子上。

第五个问题：将剩下的纸条与所有撕下来的纸条对比，进行思考。

第六个问题：请问你现在有何感想？你会如何看待你的未来？

点拨：虽然我们还年轻，但可利用的时间实属不多，请珍惜时间吧少年们，趁早规划自己的人生，少走弯路。

学习完本节的内容，请你结合自身实际，思考你的中职规划，并将相关信息填入表 8-4 中。

表 8-4　不同思维的做法

我的中职规划	如果使用固定型思维，我会怎么办？	如果使用成长型思维，我会怎么办？	拥有成长型思维，我会发生什么改变？
已完成的目标			
未完成的目标			
期待完成的目标			
遇到的挑战			
我的优势			
我的劣势			

学习完本节内容，你印象最深刻的是什么？联系实际生活，你有什么启发？写下来吧，它将让你看见自己的感受与成长，看见自己的反思与力量。

_____

_____

_____

_____

第三节 我的目标我掌控

—— 有效行动，缩减落差

> 行动，只有行动，才能决定价值。
>
> —— 约翰·菲希特

我们了解了自己的兴趣爱好，认识到自己的优势和不足后，就该根据目标制定计划了。在制定计划后，我们还需要学习如何有效地执行计划，要明白在执行计划的过程中，草率冒进或止步不前都是不可取的。下面我们就来学习如何制定计划以及如何实施计划。

♥ 心灵聚焦

案例一 规划实施难于上青天

小青给自己制定了职业生涯规划的各项指标，比如高一上学期做什么、高一下学期做什么等计划，但没过几天老师就看到小青愁眉苦脸了。老师问她原因，小青无奈地说道，自己的职业生涯规划没有用，学习任务繁重，很多事情堆积在一起，她没有时间和精力同时完成这么多事，她对实施自己的规划产生了畏惧心理。

案例二 完美主义害死人

小王喜欢学习，乐于规划和安排时间，但他经常身心疲惫。小王说自己很努力地在执行自己的小目标，但每做一件事他都想要尽善尽美，因此特别耗时间。如果这件事情没有做完美，小王就会一直想，弄得他经常焦虑甚至失眠。

一、制定计划

（一）分清主次

事情有轻重缓急之分。轻重，指的是事情对实现目标的重要程度；缓急，指的是事情本身的紧急程度。《高效能人士的七个习惯》这本书的作者柯维依据事情的重要程度与紧急程度把事情分为四类：一是紧急而重要的事情；二是非紧急而重要的事情；三是紧急而非重要的事情；四是非紧急且非重要的事情。时间管理四象限如表 8-5 所示。

表 8-5 时间管理四象限

	紧急性事件	非紧急性事件
重要事件	第1象限 • 危难之时的非常之情； • 日程紧迫的任务和问题； • 即将到来的期末考试、证书考试、个人比赛等	第2象限 • 长期筹备工作； • 各种预防工作； • 各类价值评估工作； • 各种计划工作
非重要事件	第3象限 • 被人询问打扰、接听电话等； • 跟同学一起打篮球、看展览； • 看课外书等	第4象限 • 一些琐事、常规的作业； • 休闲娱乐活动； • 过多地观看电视，过度地使用手机

将事件填入时间重要程度分类表之后，我们需要先做紧急且重要的事件，规划好非紧急但重要的事件。下面我们将学习制定周密的计划。

（二）学会反向计划

首先，确定一个目标。如果这个目标宏大而复杂，那么就将其分解成各个现实可行的小目标，然后再选择其中你需要先完成的那个目标，以此作为整个流程的着手点。

其次，要在你设定的时间期限内完成这个既定目标，其间必然有很多现实可行的小目标以及标志你进度的里程碑事件。请将这些小目标和阶段性重大事件列成清单。

然后，从左至右画一条直线，将目前的日期标注在直线的最左端，同时将最后期限标注在直线最右端，如图 8-3 所示。在直线之中，插入各种里程碑事件并配上具体的日期，然后从最后期限的地方开始，反向实行你的计划。

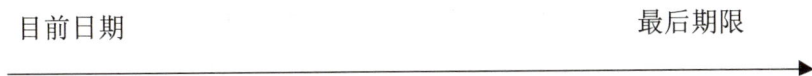

目前日期　　　　　　　　　　　　　　　　　最后期限

────────────────────────▶

图8-3 反向计划表

一旦确定你的里程碑事件且各就其位之后，请在下面标注实现这些里程碑事件需要采取的具体行动。

最后，你要做的就是按照计划行事，依次完成它们即可。

有效的计划应遵循三个原则：达到90％就已经很好，不苛求100％；一直坚持做到至少90％；不要在岔道上浪费时间，如果肯定自己走在岔道上，就尽可能快地回到主道上来。

请记住，你的计划是一个动态的工具，它能让你的忙忙碌碌转化为卓有成效的生产力，让你的不断努力转化为最终的成绩，所以请你认真严肃地对待你的计划。无论是你学习的进步，还是心灵上的满足感，都取决于它的执行情况。

从现在开始，为一周、一天、下一个小时制定一个计划，并迅速地开始行动以获得结果。只要你能坚持一次吃一口，你便能吃掉大象。

❤ 心灵思考

结合自身经历，思考自己满怀激情地实施自己的计划时遇到过哪些瓶颈和困难，你又是如何解决的？并与同学交流分享。

_____

_____

（三）采取积极行动

制定了计划后，剩下要做的就是积极付诸行动，按照计划稳扎稳打。只要坚持下去，你就会发现，在你奋斗的过程中，该出现的事情就会依序出现，并有条不紊地助你成功。那么你该如何积极行动呢？

1. 克服拖拉习惯

做事拖拉是浪费时间、效率低下的罪魁祸首。下面这些建议有助于你改掉拖延的不良习惯。

(1) 你可以将一个艰巨复杂的项目分解成一些小的、便于执行的、适合管理的多个小片段来处理(参见反向计划)。

(2) 不管你进展到何处，都从你手头的地方开始。只要开始，你就能粉碎开始前那些无谓的忧虑紧张。你一旦开始，并保持这种不断学习的状态，前方等待你的就是完工的奇迹。

(3) 适当地庆祝你的小小胜利。在你通向胜利的路途中，应适时给予自己一些小小的奖励来庆贺所取得的每一个进步。

2. 学会并敢于说"不"

为什么必须说"不"？

有些同学往往因不会拒绝他人的请求而牺牲了自己大量的时间和精力。他们做事的优先顺序以及对于任务的接受态度以取悦他人而转移。然而我们要明白，想要成功并不意味着这是一场考察你受欢迎程度的竞赛。当你面对那些并不是特别重要的事情时，千万不要为了成全别人而妥协自己，浪费你宝贵的时间与精力。否则，你便将自己置于饱受怨恨、挫折以及失望沮丧的情结折磨之中。而当你学会为自己着想，面对别人的请求善于且能够勇敢地说"不"的时候，所有这些负面情绪都会随这声干净利落的"不"字一扫而空。

3. 一次只做一件事

大多数同学认为，想要更有效地利用时间，迅速提高学习效率的最佳方法是将几项任务同时展开。事实上，你也可以在一定时段里同时进行几件事，但你不能在同一个时刻做几件事。因为，同时开展几项学习会让人们身心疲惫地在不同任务间游走，你得不断地在多个对象中迅速转移注意力，然而最终没有一件事情能得到你的全神贯注与全力付出。看似高效的复合任务往往大大降低了你的学习效率。当然，你可以边走边听歌，虽然这是不必动脑筋的、简单的娱乐消遣，但却很容易发生意外。可见，这样简单的事情也不宜同时为之。

如果你每次只专注于一件事情，所有力量集中于一点，你反而能完成更多的学习，而且也更安全。在你的记事本里合理安排重要的学习任务，然后一项一项地完成它们。记住，每次只干一件事儿。

❤ 心灵体验

在表8-6中写下你在近两个月中急切想实现的目标。

表8-6　近两个月中急切想实现的目标

	目　标	理　由	阻力和诱惑
1			
2			
3			

1.为了完成目标，需要增加的新能力有哪些？

_____

_____

2.你的支持系统有哪些？

_____

_____

3.这些目标实现之后，你会与现在有什么不同？

_____

_____

二、中职生涯规划书参考案例

一个有效的职业生涯设计必须是在充分且准确理解自身条件与相关环境的基础上实行的。要审视自己、理解自己，做好自我评估，包括自己的兴趣、特长、性格、学识、技能、智商、情商、思维方式等。要弄清楚我想干什么，我能干什么，我应该干什么，在众多的职位面前我会选择什么等问题。

（一）自我评价

(1) 个人性格：既有外向的一面，也有内向的一面。外向的时候能够积极参加活动，内向的时候能够让别人忽略我。

(2) 个人兴趣：喜欢踢足球、打乒乓球和网球，喜欢上网和一个人散步等。

(3) 个人特长：有锲而不舍的精神、虚心求学的勇气、有错必改的正气。

(4) 个人志向：我想当一名出色的影视剪辑师，虽然这个职业不如在台前的演员风光，但也是可敬的，因为他能让观众看到更美的影片。

（二）对专业的理解

(1) 专业背景：剪辑师是摄制组的主要创作人员之一，负责影片的后期工作，如选择、整理、剪裁全部分割拍摄的镜头素材（画面素材和声音素材），使用蒙太奇技巧实行编辑组接，将各片段组成为一部完整的影片等。剪辑师在深刻理解剧本和导演的总体构思的基础上，以分镜头剧本为依据，通过对镜头（画面与声音）进行精细而恰到好处的剪接组合，使整部影片故事结构严谨，情节展开流畅，节奏变化自然，从而有助于突出人物、深化主题，提升影片的艺术感染力。作为导演的亲密合作者，剪辑师通过细致而繁复的再创作活动，对一部影片的成败负有重要的责任。剪辑师必须是导演创作意图和艺术构思的忠实体现者。但是，剪辑师能够通过对镜头的剪辑补充，纠正所拍摄镜头素材中的某些不足与缺陷，部分地调整影片原定结构，或局部地改变导演原有的构思，从而使影片更加完整。剪辑师的工作包括艺术创作与技术操作，这些工作贯穿于整个影片摄制过程中，在样片剪辑、对白双片制作、混录双片制作等不同阶段，都须与相关（主要是录音）部门通力合作。

(2) 工作内容：参与导演相关的创作活动，为后期的剪辑制定方案；通过对摄制镜头的编剪组接，实现导演的创作意图和艺术构思；实行影片的音乐、对白、音响的套剪及混录；使用纯熟的剪辑技术，针对产品的特性实行剪辑、包装，完成节目的编辑和成片出库。

(3) 专业课程：数字图像处理、摄影摄像基础、数字制作技术、电影剪辑、电影摄影语言等。

(4) 就业方向：在电视台、电影制作公司、广告公司、影视公司、教育机构、杂志社、出版社、网络媒体、相关院校及科研单位就业，或创立个人工作室，担任栏目包装师、影像合成师、视频制作师、剪辑师等职务。

（三）对就业环境的分析

随着社会的发展，影视产业已经成为发展潜力巨大的智力密集型、劳动密集型、科技密集型和资金密集型的"朝阳"文化产业。美国、日本、韩国等国家的影视产业比较发达，我国还处于发展阶段。目前，我国影视产业发展前景光明，就业岗位需求量大，在手机游戏、Flash 动画彩页、网络多媒体、影视广告、电视节目制作、科技成果演示、教学课件、模型玩具、虚拟漫游、医疗影像、军事、制造业、娱乐休闲等领域都有涉及。

（四）我的目标

(1) 近期目标：认真学习视频专业的相关学科。同时，我要利用课余时间阅读大量课外书籍，这样才能扩充自己的知识面，开阔自己的视野。

(2) 中期目标：我要考取英语等级证书、计算机证书；参加各种能提升自己水平的活动，积累社会经验。

(3) 远期目标：在实习工作中积累社会经验，结合理论知识实行自我创新，在工作之余继续深造。

（五）结束总结

社会和工作岗位的要求都在持续变化，但我还会一直朝着自己的理想前进，即使道路是艰难的，我也不会放弃。我会对自己的工作进行评价和复盘，按实际情况做好调整以适合社会的新变化。

心灵练习

时间管理小测验

请同学们填写表8-7，做一个时间管理小测试，问问你自己："我把大部分时间花在了生活中的哪些部分？"

表8-7　时间管理测试表

序号	陈　　述	是	否
1	你做事情会事先做计划并注重事情的轻重缓急吗？		
2	你面对一大堆问题时，是否感到束手无策？		
3	你认为自己常常能把最关键的事情处理好吗？		
4	你是否能欣赏生活中的许多乐趣？		
5	你能否将自己的时间分配在感兴趣的事情上？		
6	你是否常将时间用在自己不感兴趣的事情上？		
7	如果你是领导，会让员工做一些事情并各负其责吗？		
8	你有足够的时间来尽情享受人生吗？		
9	你常常花时间与自己不喜欢的人相处吗？		
10	你能花足够的时间来陪伴家人和朋友吗？		
11	你是否常常感到自己浪费了许多时光？		
12	你能够将足够的时间留在自己的兴趣上吗？		
13	你常同时进行两件事情吗？		
14	你比你的朋友忙碌吗？		
15	你会花许多时间去做自己并不太喜欢的事情吗？		

评分标准：在表8-7中，对每个事件的态度选择"是"或"否"并在相应的位置上打"√"，每选一个"是"得1分，累计为总分。

9分以上：你能够敏锐地发现对自己来说最重要、最有意义、最紧迫的事情，并且可以毫不犹豫地逃离琐碎小事，给自己定目标、下任务。你的生活基本上是良性循环，你重视友情和亲情，常常可以从事务堆中脱身。

4～8分：你对应该优先重视的事情有一定的了解，也努力应付，争取更高的效率，但是在整个工作系统中,你还不能确切把握什么是起关键作用的,你需要更好地提高效率。

3分以下：你还没有建立高效能的时间观念，你的生活节奏比较缓慢，缺少动力。你需要注意如何在有限的时间里赢得更高的价值。请从两个方面努力：养成良好的习惯和建立时效观。

根据以上评分标准，我的得分合计为：＿＿＿＿＿＿＿。

我把大部分时间花在了生活中的哪个部分？

＿＿＿＿＿＿＿＿＿＿＿＿＿＿＿＿＿＿＿＿＿＿＿＿＿＿＿＿＿＿＿＿＿＿

我在时间管理方面是否存在问题？问题在哪里？

＿＿＿＿＿＿＿＿＿＿＿＿＿＿＿＿＿＿＿＿＿＿＿＿＿＿＿＿＿＿＿＿＿＿

学习完本节的内容，请你结合自身实际，写一写制定计划及实施计划过程中遇到的那些事，我们一起来练习和巩固成长型思维，请将相关信息填入表8-8中。

表8-8　不同思维的做法

我的计划	如果使用固定型思维，我会怎么办？	如果使用成长型思维，我会怎么办？	拥有成长型思维，我会发生什么改变？
我制定计划时成功的经验			
我实施计划时成功的经验			
我制定计划时的挑战			
我实施计划时的挑战			

学习完本节内容，你印象最深刻的是什么？联系实际生活，你有什么启发？写下来吧，它将让你看见自己的感受与成长，看见自己的反思与力量。

＿＿＿＿＿＿＿＿＿＿＿＿＿＿＿＿＿＿＿＿＿＿＿＿＿＿＿＿＿＿＿＿＿＿

＿＿＿＿＿＿＿＿＿＿＿＿＿＿＿＿＿＿＿＿＿＿＿＿＿＿＿＿＿＿＿＿＿＿

＿＿＿＿＿＿＿＿＿＿＿＿＿＿＿＿＿＿＿＿＿＿＿＿＿＿＿＿＿＿＿＿＿＿

第四节　我的职业我选择

—— 探索职业，体验未来

一、专业和职业

专业是学业门类，职业是工作门类。学业（即专业）的完成意味着工作（即职业）的开始，所以两者之间具有一定的联系。不同的职业需要不同的知识、技能及德体条件，而不同的知识和技能则是专业的主要内容。从经济和效率的角度来看，我们所选的专业应该包括职业目标所需要的知识和技能。但是，从专业和职业的相关性来说，它们并不都是一一对应的，而是呈现出一对一、一对多、多对一等非常复杂的相关关系。

（一）一对一

一对一即一个专业方向对应一个职业目标，这类专业一般存在于中职类学校或高职学校。这类专业的培养目标单一明确，通常技术含量比较高。它属于学业规划中比较主动的一种态势，你可以先定目标，后选路线，在各种路线中选择求学成本最低的一条。比如烹饪专业的学生，毕业后可选择成为厨师；数控机床专业的学生，毕业后可从事数控机床的操作与维护等工作。

（二）一对多

一对多的这类专业一般都存在于普通高校中，人们常说的宽口径、厚基础就是指这类专业，它们可对应的职业目标通常有多个。如经济学专业可对应经济学研究、企业管理者、营销策划、企业信息管理等职业。此种类型适合在学业规划时先确定专业，再确定职业目标。

（三）多对一

多对一是指多种专业都可以发展到某一种职业。这类职业一般多偏向于管理型，如新闻记者、政府公务员、营销主管等。这种类型也适合于先确定职业目标，后确定专业方向；与一对一的类型相似，多对一的专业在学业规划时可使学生处于比较主动的态势。

二、专业选择的误区

选择专业是大多数人开始认真思考和体验职业的一个起点。看一看下面的专业选择误区，你是不是也正经历或纠结其中？

"找工作容易的专业一定是好专业吗？"从经济学的角度解释，所谓好找工作的专业只是在某个时间点需求量超过了供给量的专业。但需求和供给是相对的、变化的。从选专业到毕业的几年里，市场的供需关系会发生变化，原来好找工作的专业毕业时不一定还好找，而且，好找工作并不代表你会喜欢这份工作，或有能力胜任这份工作，

"热门专业就是好专业吗？"有的"热"的确是因为专业学术水平高，有的"热"是因为容易就业，有的"热"是因为容易学、好混，有的"热"是因为方便留学。任何社会、任何时间都会有热门专业，但"热"的理由却大相径庭。不是所有的热门专业都是好专业，关键是要把握好"热门"的标准。

"专业就是一张文凭、一个学历，所以学什么都一样？"专业学习合格之后的确会有一张文凭，但文凭说明不了什么。一个人的学习经历，在学习过程中所领悟的道理、培养出的专业习惯，以及所获得的专业能力，才是不可替代的个人财富。

"只有学了我喜欢的专业，才能干我喜欢的工作？"一些硬门槛专业的确如此，比如医学。然而，绝大多数专业属于软门槛专业，尤其是很多宽口专业，往往可以殊途同归。而且，专业选择并不是一次性的，在校期间专业方向的选择机会通常不会少于3次，如高中分科、大学报考、大学期间的转专业、研究生专业选择等。

"专业如果不对口，那就白学了？"专业的确需要"对口"，但这个"口"有多大，取决于个人的志向和能力。多数人的读书历程不会往复，如果你希望这一生一次的机会只和自己毕业时的第一份工作对口，那么有四分之三的可能性是你的专业会白学。如果你看重的是所学的专业知识对自己未来10年的价值，那么无论学的是什么专业，至少你的专业是不会白学的。如果你看重的是自己在专业学习中所获得的能力、思维方法和职业资源，那么任何专业都不会白学。

专业是每个人职业生命的引擎，它将开启我们从学生迈向职业人的蜕变过程。专业也许不会决定你的目的地，但它却是那辆载着你向目的地前进的火车。

♥ 心灵聚焦

专业和职业之间有四种关系。第一，专业包容职业。这种情况下，个人的职业发展一直在所学专业的领域内，能够学以致用。第二，专业为核心，职业包容专业。个人的

职业发展以所学专业为核心，向外扩展。这种情况下，选择的职业与学习的专业虽然方向一致，但职业发展已超出所学专业的领域，需要个人根据自己的职业规划，在学好专业的基础上提高自身的职业素养。第三，专业和职业交叉，以专业为基础发展职业，个人的职业发展在所学专业内有重点地沿某一方向拓展。这需要在职业生涯规划的指导下，在学好本专业的基础上，同时辅修或自学自己规划要从事的其他专业的课程。第四，专业和职业分离。个人要从事的职业与所学专业基本无关，但所学专业的某些方面可能在个人职业发展中有一定的重要性。

三、探索自己的家庭职业树

你知道家族中的成员都从事些什么工作吗？你对他们的工作有什么看法呢？让我们借家庭职业树 (如图 8-4 所示) 的探索，来帮助你了解家人对你的职业期待以及你的自我期许与家族职业有哪些关联。

图 8-4　家庭职业树

完成图 8-4 后，请对照下面列出来的问题，想一想，然后把答案写在白纸上。

(1) 我的家族中最多人从事的职业是什么？

(2) 我想要从事这种职业吗，为什么？

(3) 爸爸如何形容他的职业，爸爸平时会提到哪些职业，他会怎么说？

(4) 妈妈如何形容她的职业，妈妈平时会提到哪些职业，她会怎么说？

(5) 妈妈的想法对我的影响有哪些？

(6) 家族中还有谁对职业的想法对我影响深刻？他们怎么说？

(7) 家族中对彼此职业感到满意或羡慕的是什么职业？例如，堂哥在医院当医生，不仅收入高，社会地位也高，大家都认可这个职业。

(8) 家族彼此羡慕的职业是什么？

(9) 对于他们的想法，我是怎么想的？

(10) 我觉得家人对我未来选择职业有什么影响？

(11) 家人对各职业的评价往往表现了他们的好恶，例如，千万不要当艺术家，可能连三餐都吃不饱；当医生好，不仅收入高，社会地位也高……我的家人最常提到有关职业的事是哪些？对我有什么影响？

(12) 哪些职业是我绝对不考虑的？

(13) 哪些职业是我有考虑的？

(14) 选择职业时，我还会考虑哪些条件？

心灵练习

我的生涯规划书

想要写出一份架构清晰且完整的"我的生涯规划书"，就需要整合书中生涯发展的重点、体验活动中的相关内容，从而让拥有各种不同特点的你展现出精彩独特的一面。

写出一份贴近自己实际的生涯规划书是一个艰巨的任务，难度很高，非常具有挑战性。现在的你准备好接受这个挑战了吗？开始行动吧！

挑战一：自我分析

请同学们在表 8-9 中填入对自己个人情况的理解与认识。

表8-9　自我分析表

分析项目		分析 内 容		
		高一	高二	高三
个人体质				
职业兴趣				
职业能力				
职业价值观				
优势与劣势	优势			
	劣势			

挑战二：发展愿景

请同学们针对自己的人生目标和希望尝试的职业进行构想，并填写表8-10。

表8-10　职业愿景分析表

分析项目		分析 内 容		
		高一	高二	高三
人生目标				
觉得合适并希望尝试的职业（可多种）	主选职业			
	备选职业			
	备选职业			

挑战三：职业分析

请同学们根据心中的目标职业（如工作内容、待遇发展、对生活的影响等）、家庭环境（家人期望、家庭文化背景）、社会环境（国内外环境、社会需求）等，做简单的资料搜集与分析，并填写表8-11。

表 8-11　职业分析表

目标职业分析	工作内容	
	怎样得到工作	
	待遇与发展	
	对生活的影响	
家庭环境分析	经济分析	
	家人期望	
	家庭文化背景	
社会环境分析	国内外环境	
	社会需求	

挑战四：学业、专业及职业规划的实施与评估

请同学们整合自己从高一到高三的学习规划路径与方向，并从学业规划、专业规划、职业规划等方面，对自己高中三年的学习历程进行具体评估，并填写表 8-12。

表 8-12　学习规划与评估表

高中三年规划实施	学业规划	高一	
		高二	
		高三	
	专业规划		
	职业规划		
规划实施评估	评估内容		
	评估时间		

学习完本节内容，请结合自身实际，写一写你将来的理想职业，我们一起来练习和巩固成长型思维吧，请将相关信息填入表 8-13 中。

表 8-13　不同思维的做法

我的理想职业	如果使用固定型思维，我会怎么办？	如果使用成长型思维，我会怎么办？	拥有成长型思维，我会发生什么改变？
父母希望我从事的职业			
老师希望我从事的职业			
我自己想从事的职业			

学习完本节内容，你印象最深刻的是什么？联系实际生活，你有什么启发？写下来吧，它将让你看见自己的感受与成长，看见自己的反思与力量。

_____

_____

_____

_____

参 考 文 献

[1] 巢燕，宦平 . 心理健康教育读本 [M]. 3 版 . 北京：北京劳动社会保障出版社，2018.

[2] 卡罗尔·德韦克 . 终身成长 [M]. 楚祎楠，译 . 南昌：江西人民出版社，2017.

[3] 安妮·布洛克，希瑟·亨得利 . 成长型思维训练 [M]. 张婕，译 . 上海：上海社会科学院出版社，2018.

[4] 王志凤 . 中职学生心理健康状况调查报告 [J]. 北京：职业，2020(08)：30-31.

[5] 赵婵 . 论职高学生认识自我的途径 [J]. 北京：科技创新导报，2007.

[6] 舒天，蔡践 . 性格·心态·气质·习惯与人生 [M]. 杭州：中国文艺出版社，2003.

[7] 金树人，生涯辅导与咨询 [M]. 北京：高等教育出版社，2007.

[8] 毕重增，自信品格的养成 [M]. 合肥：安徽教育出版社，2009.

[9] 王俊文 . 师生关系心理学研究述评 [J]. 武汉：湖北经济学院学报（人文社会科学版），2007，004(002)：154-155.

[10] 余国良 . 心理健康 [M]. 北京：北京师范大学出版社，2016.

[11] 兰瑞侠，郭俊峰 . 心理健康教育 [M]. 2 版 . 北京：中国传媒大学出版社，2018.

[12] 杨小英，董延海 . 心理健康教育 [M]. 北京：中国人民大学出版社，2017.

[13] 许晓霞，高惠华 . 中职生心理辅导 [M]. 北京：中国人民大学出版社，2017.

[14] 李金泉，万春 . 青春期健康教育 [M]. 重庆：重庆大学出版社，2017.

[15] 蒋彩敏 . 青少年智能手机成瘾与感觉寻求的关系孤独感的中介作用 [D]. 扬州：扬州大学，2021.

[16] 林琳 . 青春的选择：异性交往要适当 [J]. 北京：中小学心理健康教育，2020(28)：57-59.

[17] 杨文婧，刘云艳 . 从人类发展生态学视角看青少年人际交往障碍形成的原因：以一位人际交往障碍者为例 [J]. 北京：中国特殊教育，2008(09)：84-89.

[18] 贾丽萍.情绪与行为：注意视角下的研究 [M]. 青岛：中国海洋大学出版社，2019.

[19] 邓先丽.大学生心理健康教育 [M]. 2 版. 北京：中国人民大学出版社，2017.

[20] 多丽丝·沃尔夫，罗尔夫·莫克勒.自我情绪调控 ABC[M]. 滕奕丹，译. 广州：广东教育出版社，2007.

[21] 陈选华.挫折教育引论 [M]. 合肥：中国科学技术大学出版社.2006.

[22] 刘远我.职业心理健康自测与调节 [M]. 北京：经济管理出版社.2004

[23] 王秀英.心理健康教育 [M]. 北京：中国原子能出版社，2017.

[24] 孙云晓.亲子关系决定孩子一生幸福的密码 [M]. 杭州：浙江文艺出版社，2016.

[25] 陈佳，王艺馨，张金玲.校园欺凌与儿童青少年精神障碍相关性的研究进展 [J]. 北京：心理月刊，2021，16(21)：228-230.

[26] 徐平，张雪娇.践行社会责任，彰显文化担当 [N]. 北京：中国新闻出版广电报，2021-08-02(005).

[27] 吕翠.职业生涯规划 [M]. 北京：清华大学出版社，2017.

[28] 史蒂芬·柯维.高效能人士的七个习惯 [M]. 北京：中国青年出版社，2014.